A
MAN
&
HIS
WATCH

A MAN & HIS WATCH

그 남자의 시계

맷 흐라넥 글 | 스티븐 루이스 사진 | 배상규 옮김

76개의 아이코닉한 시계들,
그리고 그 시계를 찼던 남자들의 이야기

Hans Media

First published in the United States as:
A MAN AND HIS WATCH: Iconic Watches and Stories from the Men Who Wore Them

Copyright © 2017 by Matt Hranek
Photographs copyright © 2017 by Stephen Lewis
Contributor portraits on pages 203–209 and 2016 copyright © 2017 by Uli Knoerzer
Cover and slipcase photographs by Stephen Lewis
Design by Renata Di Biase

그 남자의 시계

1판 1쇄 인쇄   2022년 5월 10일
1판 1쇄 발행   2022년 5월 24일

지은이 맷 흐라넥 글, 스티븐 루이스 사진
옮긴이 배상규
펴낸이 김기옥

실용본부장 박재성
편집 실용1팀 박인애
영업 김선주
커뮤니케이션 플래너 서지운
지원 고광현, 김형식, 임민진

디자인 제이알컴
인쇄 · 제본 민언프린텍

펴낸곳 한스미디어(한즈미디어(주))
주소 121-839 서울시 마포구 양화로 11길 13(서교동, 강원빌딩 5층)
전화 02-707-0337 | 팩스 02-707-0198 | 홈페이지 www.hansmedia.com
출판신고번호 제 313-2003-227호 | 신고일자 2003년 6월 25일

ISBN 979-11-6007-803-9   03690

책값은 뒤표지에 있습니다.
잘못 만들어진 책은 구입하신 서점에서 교환해드립니다.

아버지께

CONTENTS

맷 흐라넥의
롤렉스 오이스터 퍼페츄얼
데이트저스트

서문

내게는 아버지가 생전에 차고 다니신 시계가 하나 있다. 그 시계는 스테인리스 스틸 재질에 까만색 문자반文字盤이 들어간 롤렉스 오이스터 퍼페츄얼 데이트저스트Rolex Oyster Perpetual Datejust다. 아버지가 손목에 그 시계를 차고 집으로 돌아오신 날이 기억난다. 그날 아버지는 무척 의기양양해 하셨는데, 나는 그것이 단지 새로 산 시계 때문이 아니라 아버지의 사업이 순조롭게 풀리기 시작한 첫 해를 상징해서 그렇다는 걸 느낌으로 알았다. 그래서 나도 기분이 좋았다.

아버지는 어린 나에게 항상 디자인이나 만듦새가 좋은 물건을 알려주셨다. 그중에는 자동차, 오토바이, 건축물뿐만 아니라 당연히 시계도 있었다. 내 나이 고작 열여덟이었을 때 갑작스럽게 아버지가 돌아가시면서, 그 시계를 물려받게 되었다. 어쩌면 내가 딱 짚어서 그 시계를 선택한 건지도 모르겠다.

그 시계가 나에게 꼭 필요하다고 생각했다. 내게는 아버지라는 존재가 필요했고, 그 시계가 나와 아버지를 계속 이어줄 거라 믿었다. 지금도 그 시계를 차거나 바라볼 때마다 아버지와 이어져 있는 것 같은 기분이 든다. 지금 나는 시계 수집가들이 아주 귀하게 여기는 더 값비싼 시계도 갖고 있지만 그 어떤 시계도 아버지의 데이트저스트를 대신하지는 못 한다. 지금도 데이트저스트를 볼 때마다 아버지의 모습이 생생히 떠오른다. 데이트저스트가 없는 삶은 상상할 수조차 없다.

많은 남성들에게 시계는 시간을 확인하는 것 이상의 깊은 의미가 담겨 있는 듯하다. 시계는 특별한 순간을 기념하거나 세상을 향해 자신이 어떤 사람인지를 드러낸다. 운이 좋은 경우 인생에서 가장 소중한 사람과 인연을 맺어 주기도 한다.

나는 오랫동안 '시계 마니아'였지만 최근에 잡지 편집자로서 시계 분야를 담당하고 나서야 유명 시계 브랜드와 관련된 역사적인 일화라든가 친구와 동료, 시계 수집가들로부터 전해들은 시계에 얽힌 개인적인 사연 같은 놀라운 이야기들을 발굴해낼 수 있었다. 그들이 살아있건 죽었건, 아니면 돈이 많기로 유명한 사람이건 날마다 출근 도장을 찍는 사람이

"시계는 특별한
순간을 기념하거나
세상을 향해 자신이
어떤 사람인지를
드러낸다. 운이 좋은
경우 인생에서 가장
소중한 사람과 인연을
맺어 주기도 한다."

—맷 흐라넥

건 그들의 이야기에는 단단한 연결 고리가 있었다. 시계는 그것을 알아보는 사람들끼리 서로 말문을 트는 실마리가 된다. 나는 남성들이 차고 다니는 시계가 그들에게 정서적으로 커다란 의미가 있거나 아주 중요한 연결 고리로 작용할 때가 많다는 점을 깨달았다. 그 시계들은 할아버지나 아버지에게 물려받았거나, 인생의 중요한 사건을 상징하거나, 아니면 간절히 원하던 삶으로 접어들게 해주는 계기이기도 했다. 이 책은 그런 이야기들을 담고 있다.

이 책을 쓰면서 가장 먼저 한 일은 역사상 가장 유명한 시계 중 하나인 폴 뉴먼의 롤렉스 데이토나Daytona를 사진으로 담는 작업이었다. 롤렉스 데이토나는 많은 이들에게 시계의 대명사로 받아들여진다. 이 초고가 시계는 시계 애호가들이 선망하는 대상이다. 성인 남성들은 이 시계를 수집하려고 수년의 시간을 들인다.

폴 뉴먼은 이 시계를 아내 조앤 우드워드Joanne Woodward로부터 선물받았다. 폴 뉴먼의 데이토나는 그가 아내에게서 받은 두 번째 데이토나이다. 그의 첫 번째 데이토나(레퍼런스 6239)는 1984년에 맏딸 넬Nell의 남자 친구에게 물려줬다.

폴 뉴먼이 차던 시계를 마침내 내 손으로 직접 쥐었던 순간, 이상한 소리처럼 들릴지 모르지만 온몸에 전기가 흐르는 기분이 들었다. 가장 인상적인 건 시계 뒷면에 새겨진 문구였다. "천천히 운전해요 – 조앤." 그 문구를 읽자 전율이 느껴졌다. 그 순간을 떠올리면 지금도 그런 기분이 든다.

폴 뉴먼은 전설이다. 외모와 재능, 맵시를 두루 갖춘 데다 성품마저 너그러웠던 그는 르망Le Mans 자동차 경주 대회의 우승자이자 할리우드를 대표하는 배우였다. 하지만 그 역시 인간이었고, 한 사람의 남편이자 아버지로서 시간을 지키기 위해 시계를 차고 다녔다. 우리와 똑같이 말이다. 폴 뉴먼의 막내 딸 클레아Clea는 친절하게도 그 시계를 촬영하도록 허락해주었다. 그녀는 경매장에서 엄청난 금액에 팔려나갈 만한 그 유명한 시계를 말을 탈 때든 정원 일을 할 때든 일상적으로 차고 다닌다. 결국 시계는 시계일 뿐, 시계를 특별하게 만드는 것은 그 뒤에 얽혀 있는 이야기다.

나는 그런 생각을 바탕으로 이 여정을 시작했다. 사람들에게 이 책을 소개하면서 남자와 시계 사이에 정서적인 유대관계가 있다는 이야기를 거듭하면 할수록 더욱더 놀라운 이야기를 접하게 되었다. 오랜 시간에 걸쳐 전 세계 곳곳에서 이런 이야기를 모으는 동안 깨달은 것이 하나 있다면 그건 바로 내가 다룬 이야기는 극히 일부에 지나지 않는다는 사실이었다.

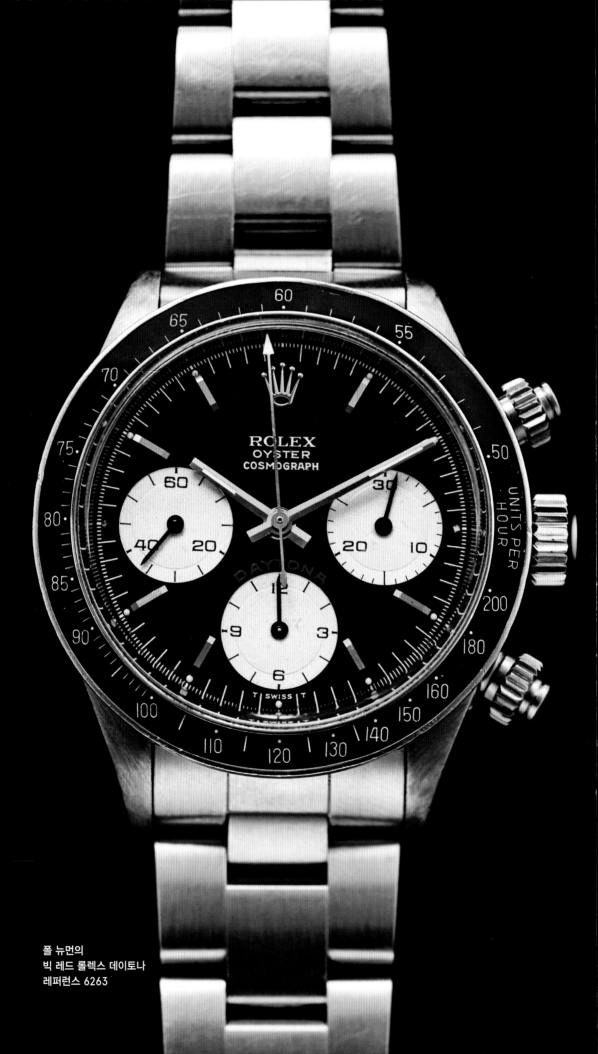

폴 뉴먼의
빅 레드 롤렉스 데이토나
레퍼런스 6263

에릭 리퍼트
ERIC RIPERT
레스토랑 르 베르나르댕Le Bernardin의 수석 주방장 겸 공동 대표

바쉐론 콘스탄틴 히스토릭 아메리칸 1921
VACHERON CONSTANTIN HISTORIQUES AMERICAN 1921

시간을 확인하려고 이 시계를 내려다보면 여느 시계와 다른 점이 눈에 들어온다. 이 시계는 원래 자동차 운전자용으로 디자인되었다. 이 시계를 디자인한 1921년에는 운전대가 큼지막해서 운전 중에 시간을 재깍 확인하기가 어려웠다. 그래서 시계판 숫자를 오른쪽으로 기울여 배치한 것이다. 나는 이렇게 기울어진 숫자판이 마음에 든다.

나에게 시계란 특별한 순간을 의미한다. 예컨대 연말연시 연휴 시즌이 되면 나를 위한 선물로 시계를 사기도 한다. 때로는 연휴가 오기도 전에 참지 못하고 사 버릴 때도 있다! 하지만 이 시계는 내가 산 것이 아니다.

어느 날, 나와 르 베르나르댕을 함께 운영하는 마기 르 코즈Maguy Le Coze가 내게 말했다. "오늘 밤에 시간 좀 내줘요. 밖에서 저녁 식사나 같이 하게." 나는 뭔가 심각한 얘기가 나올 줄 알았는데 정작 마기는 식사 시간 내내 무척 쾌활했다. 그렇게 식사 자리가 끝나갈 무렵, 마기가 용건을 꺼냈다. "자, 그럼 지금부터 얘기를 시작해 볼까나." 나는 '아, 드디어 올 게 왔구나!' 하고 생각했다. 마기는 상자 하나를 꺼내 테이블 위에 올려놓았다. 그런데 그 안에는 내가 스스로에게 선물하려고 했던 바쉐론 콘스탄틴 아메리칸 1921이 들어 있었다! 그때는 2011년으로, 내가 르 베르나르댕에 합류한 지 20년이 되는 해였다.

마기가 말을 이었다. "당신은 우리 주방을 이끌어가는 드라이버이자 대장이잖아요. 이 시계가 딱 어울리는 사람이죠."

이 시계를 찰 때면 머릿속에 두 가지가 떠오른다. 하나는 앞으로 어떤 일이 일어날지 모르는 긴장된 마음으로 르 베르나르댕에 처음 출근하던 날이고, 다른 하나는 내 노력을 알아주는 소중한 친구이자 사업 동료인 마기의 얼굴이다.

바쉐론은 아름다운 브랜드다. 시계 수집가의 세계에는 롤렉스나 까르띠에와 같은 최고급 브랜드가 존재한다. 하지만 복잡 시계(복잡하고 정밀

한 부품이 들어가는 기계식 시계 – 옮긴이)를 논한다면, 바쉐론과 파텍 필립 Patek Phillippe, 브레게Breguet와 같은 브랜드를 빼놓을 수 없다. 이런 시계에는 수공예 기술은 물론이고 어떤 면에서는 예술성이 깃들어 있다.

요리도 수공예 기술이다. 예를 들어 소스를 만든다고 가정했을 때, 우리는 소스 1온스(28그램 – 옮긴이)의 풍미를 측정할 수 없다. 풍미란 그런 식으로 존재하지 않기 때문이다. 풍미는 말로 표현할 수도, 잘게 나눠서 분석할 수도 없다. 시간처럼 말이다. 시계 역시 마찬가지다. 시계는 수공예 기술을 통해 특정 수준의 복합성에 도달한다. 그리고 그 수준을 넘어서는 순간 예술이 된다. 시계공은 '남다른 방식으로 해결책에 도달하는 방법'을 고민하는 장인이다. 다시 말해서 투르비용tourbillon(중력으로 인한 오차를 보완하는 장치 – 옮긴이)을 발명한 사람은 제법 괴짜였다! 적도를 넘어갔다가 되돌아올 때 생기는 중력의 차이를 해결할 방법을 내놓는다는 건 일반인의 상상력을 뛰어넘는 일이다. 대부분의 사람들은 이런 일에 관심이 없지만 수집가들은 그렇지 않다. 수집가들은 그 해결책을 만들어내기 위해 쏟아 부은 노력을 이해한다.

주방 일을 하다 보면 손목에 찬 비싼 시계를 망가뜨릴 때가 있다. 그럴 때 그 모습을 보고 내게 화를 내는 사람들이 더러 있다. 하지만 시계는 언제든 고치고 광을 낼 수 있다. 시계는 차고 다니려고 갖고 있는 것이다!

"내게 있어서 시계란 특별한 순간을 의미한다. 예컨대 연말연시 연휴 시즌이 되면 나를 위한 선물로 시계를 사기도 한다. 때로는 연휴가 오기도 전에 참지 못하고 사 버릴 때도 있다!"

—에릭 리퍼트

롤렉스
수장고 이야기

언젠가 나는 20세기에 활동한 유명한 모험가이자 항해사인 프랜시스 치체스터Francis Chichester가 세계 일주를 하는 동안 롤렉스 오이스터 퍼페츄얼이라는 놀라운 시계를 착용했다는 기사를 본 적이 있다. 1966년 8월 27일, 자신의 요트 집시모스 4호를 타고 영국 플리머스 항에서 출항한 치체스터의 손목에는 롤렉스 시계가 채워져 있었다. 1967년 5월 28일, 호주 시드니에 단 한 차례 정박하는 226일간의 항해 끝에 다시 플리머스 항으로 돌아온 치체스터는 여전히 똑같은 시계를 손목에 차고 있었다. 시계는 스위스 제네바의 롤렉스 시계 장인들이 발휘한 독보적인 기술력을 여실히 보여주기라도 하듯 완벽하게 작동하고 있었다. 나는 이 시계가 롤렉스의 수장고에 보관되어 있다는 사실을 알고 있었지만, 롤렉스는 사람들의 접근을 철저하게 막는 회사로 악명이 높았기 때문에 방문 요청을 거절당하는 건 그리 놀라운 일이 아니었다. 하지만 나는 끈질기게 요구했다. "잘 아시겠지만 그 시계는 이미 사진으로 출판이 되어 있는 상황이니 제 책에도 사진을 찍어 싣도록 허락해주셔도 별 문제 없지 않을까요?" 나는 무척이나 미국인다운 태도로 계속해서 들이댔고, 결국 허락을 받아냈다. 롤렉스의 수장고에 들어갈 때는 백악관 내 주요 시설에 들어가는 것에 버금가는 보안 절차를 거쳐야 했다. 하지만 일단 수장고 안으로 들어선 순간, 그 경험은 잊지 못할 만큼 강렬했다. 약간은 긴장이 되기도 했지만 수장고 담당자들이 워낙 상냥하고 친절해서 두 팔 벌려 환영받는 느낌을 받았다.

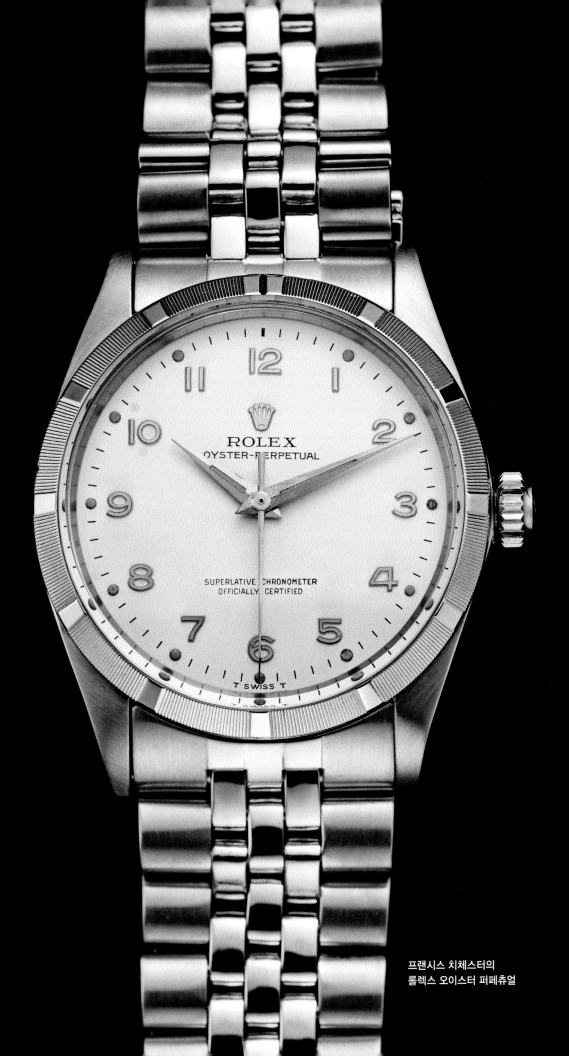

1967 골드 호이어 까레라
파일럿 레퍼런스 1158CH

마리오 안드레티
MARIO ANDRETTI

전설적인 카레이서

1967 골드 호이어 까레라 파일럿 레퍼런스 1158CH
GOLD HEUER CARRERA PILOT REFERENCE 1158CH
오르피나 포르쉐 디자인ORFINA PORSCHE DESIGN
피셔 앵커 15 루비스FISCHER ANCRE 15 RUBIS
호이어 오타비아HEUER AUTAVIA

나는 늘 시계광이었다. 내 첫 번째 시계는 이탈리아 난민촌에 살던 시절 삼촌한테 받은 것이었다. 그때 나는 시계가 간절히 갖고 싶었다! 삼촌은 나와 내 쌍둥이 형제인 알도에게 열세 살 생일 선물로 피셔 손목시계를 하나씩 마련해 주셨다.

나는 레이스에 나설 때마다 시계 네댓 개를 서류 가방에 담아 가서 허리띠처럼 바꿔 차곤 한다! 어리석게도 이탈리아에서 두 번, 몬트리올의 한 호텔에서 서너 번 시계를 도둑맞은 적도 있다. 그중에는 제랄드 젠타 Gérald Genta처럼 무척 특별한 시계도 있었다. 포뮬러 원 대표가 리우데자네이루에서 내게 포르쉐 디자인 시계를 선물한 적이 있다. 그런데 그 시계를 처음 찼던 날 연습 후에 해변에서 깜빡 잠들었을 때 누군가가 내 손목에서 그 시계를 낚아채 가버렸다! 그 이야기를 스위스와 독일에 있는 기자 친구들에게 전했더니 포르쉐에서 다른 시계를 증정해줬고, 나는 그 시계도 레이스에 차고 나갔다. 그때가 1978년이었는데, 나는 그해 열린 포뮬러 원 레이스에서 우승을 차지했다.

사실 내가 가진 시계는 거의 다 누군가에게 선물받은 것들이다. 자동차 경주 분야에서 시계는 트로피를 대신하기도 한다. 나는 1967년에 인디애나폴리스 500마일 레이스를 후원한 잡지사 〈모터 에이지Motor Age〉로부터 호이어 오타비아를 선물받았다. 1970년대에 페라리 소속으로 포뮬러 원에서 활약하던 클레이 레가조니Clay Regazzoni는 호이어 시계를 차고 다녔고, 나는 늘 그에게 그 시계 이야기를 슬쩍슬쩍 흘렸다. 잭 호이어는 클레이와 절친한 친구 사이여서, 호이어는 내게도 똑같은 시계를 선물해줬다. 1995년 르망에서는 프랭크 뮬러 시계를 받았고, 런던에서 모터스포츠 명예의 전당에 헌액되었을 때도 호이어 시계를 받았으며, 데이토나 24시간 레이스에서는 롤렉스 시계를 받았다. 나는 그 시계들을 그냥 상자 안에 모셔두고만 있었다. 그런데 이번 인터뷰를 통해 모두에게 "아무렴요, 이 시계 기억나죠! 이 시계도요!"라고 말할 수 있게 되어 참 다행이다.

오르피나 포르쉐 디자인

피셔 앵커 15 루비스

호이어 오타비아

벤자민 클라이머
BENJAMIN CLYMER

〈호딩키Hodinkee〉(시계 전문 온라인 매거진 – 옮긴이)의 설립자 겸 주필

오메가 스피드마스터 마크 40
OMEGA SPEEDMASTER MARK 40

내가 시계 및 기계류 전반에 심취하게 된 것은 자연스러운 일이었다. 사진가였던 아버지는 지하에 암실을 마련해두셨고, 내가 여섯 살이던 해에 노출계를 주셨다. 나는 그것이 무엇에 쓰는 물건인지도 몰랐지만 눈금과 눈금판이 달린 그 조그만 기계가 마냥 좋아서 중고장터 등지에서 노출계를 구입해 수집하기 시작했다. 그러다가 보이 스카우트에 들어간 뒤로는 나침반에 흥미가 생겼다. 그런 식으로 나는 자연스레 눈금과 눈금판이 달린 멋진 소형 기계인 손목시계에도 관심을 갖게 되었다.

어린 시절, 할아버지는 내 우상이자 영웅이었다. 내가 진심으로 우러러보는 위대한 사람이었던 할아버지는 사업체 몇 곳을 일구시다가 1960년대에 라이터 회사로 명성을 떨치셨다. 나는 그런 할아버지를 무척 존경했고, 할아버지 역시 내게 동질감을 느끼셨다. 우리는 죽이 잘 맞는 사이였다.

할아버지는 수집가는 아니었지만 손목시계에 관심이 많으셨다. 앤티쿼룸Antiquorum(시계 전문 경매 회사 – 옮긴이)에서 발행하는 카탈로그를 받아볼 만큼 시계에 박식하셨다. 내가 열대여섯 살쯤이던 어느 날 할아버지께서 불쑥 말씀하셨다. "네가 이 시계를 받아준다면 좋겠구나." 그러더니 할아버지는 손목에 차고 있던 오메가 시계를 끌러 내게 주셨다. 나는 숨이 멎는 듯했다.

그건 1990년대 초에 밸쥬Valjoux사의 무브먼트(구동장치 – 옮긴이)를 바탕으로 제작한 오메가 스피드마스터 마크 40이었다. 최고급 무브먼트라고 할 수는 없었지만 당시에 그 정도 크기에 트리플 캘린더와 날짜가 표시되는 시계는 찾아보기 어려웠다. 게다가 90년대에는 밝은 색상을 사용하는 시계도 드물었다. 할아버지가 이 시계에 매력을 느끼신 것도, 그리고 최첨단 시계 제작술을 목격해온 내가 지금껏 이 시계에 흥미를 갖고 있는 것도 모두 그 때문일 것이다.

그때부터 나는 시계에 더 많은 관심을 갖게 되었다. 하지만 할아버지

"내가 열대여섯 살쯤이던 어느 날 할아버지께서 불쑥 말씀하셨다. '네가 이 시계를 받아준다면 좋겠구나.' 그러더니 할아버지는 손목에 차고 있던 오메가 시계를 끌러 내게 주셨다. 나는 숨이 멎는 듯했다."

—벤자민 클라이머

께 시계를 물려받은 일 때문에 지금 이 길로 접어들게 된 것은 아니다. 나는 시계 판매업(내가 하고 싶은 일은 아니었다) 이외에 시계와 관련된 창업이나 대중 매체 활동이 선택지가 될 수 있다는 사실을 알지 못했다. 내가 자란 곳에서는 모두들 변호사나 은행가 혹은 컨설턴트가 되었고, 나 역시 다른 사람들과 비슷한 경로를 거쳐 대형 스위스계 은행의 전략 컨설턴트가 되었다. 금융계가 나락으로 떨어지던 2008년, 나는 양복에 넥타이를 매고 뉴저지 위호켄Weehawken에 있는 칸막이에 앉아 할아버지께서 내게 주신 오메가 시계와 롤렉스 서브마리너Submariner 등에 관한 이야기를 블로그에 올리고 있었다. 그때만 해도 이런 이야기를 다루는 사람이 없었다. 경매 회사 크리스티와 앤티쿼룸이 발행하는 카탈로그를 읽으면서 "이봐, 이 시계는 스티브 맥퀸Steve McQueen이 갖고 있던 거라고!"라고 말하는 사람은 패션 잡지 〈지큐GQ〉나 〈에스콰이어Esquire〉의 기자가 아니라 바로 나였다.

그런데 그로부터 6개월이 되지 않아 한 유명 남성 패션 웹사이트의 편집자가 내 블로그 글을 쭉 읽어 왔다며 연락을 해왔다. 그는 이렇게 말했다. "쉰 살 미만이면서 이렇게 오래된 시계들을 주제로 사연이 담긴 글을 쓰는 사람은 당신이 처음입니다. 인터뷰 요청을 드려도 될까요?" 그렇게 해서 우리는 이야기 하나를 함께 엮게 되었다. 그건 빈티지 시계에 관심이 있는 젊은 세대가 눈여겨봐야 할 다섯 가지 시계에 대한 이야기였다. 그리고 거기에서부터 모든 것이 시작되었다.

나는 할아버지가 돌아가시기 직전인 2008년에 〈호딩키〉를 창간했다. 하지만 할아버지는 존재감이 미미하던 초창기 6개월 동안의 〈호딩키〉를, 별 볼일 없던 그 시절을 보고 가셨다. 그리고 그 덕분에 이 시계는 더욱더 특별해졌다. 이 시계는 할아버지의 시계였을 뿐만 아니라 미처 생각지도 못했던 진정으로 사랑스러운 삶을 내게 선사해줬다. 나는 내가 하고 있는 일이 진심으로 즐겁다. 이 시계가 없었다면 지금과 같은 삶은 불가능했을 것이다.

까르띠에
수장고 이야기

까르띠에의 산투스 두몽Santos-Dumont 시계는 손목시계 이야기는 물론이고 이 책에서도 아주 중요한 시계이다. 그래서 나는 까르띠에의 수장고를 방문하려고 까르띠에 측에 먼저 연락을 취했다. 까르띠에는 내가 제네바에 머무르고 있을 때 방문 일정을 잡아주었는데 행선지 주소는 철저히 비밀에 붙였다. 대신 그들은 "저희가 보낸 자동차가 약속 시간에 당신을 태운 뒤에 행선지에 내려드릴 겁니다"라고 말했다. 그건 눈이 가려진 채로 승합차 뒷좌석에 올라 비밀 장소로 실려가는 행위를 아주 정중하게 표현한 방식이었다! 내가 도착한 건물은 예전에 개인은행으로 쓰이던 곳으로 망막 스캐닝 장치와 밀실을 갖춰놓고 첩보 영화에서처럼 은밀한 보안을 유지하고 있었다. 그때 나는 까르띠에에서 일하는 친구와 동행했는데, 그 친구도 그곳에 한 번도 들어가 본 적이 없다고 했다. 하지만 일단 건물 안에 들어서자 상냥하고 친절하기 이를 데 없는 기록 보관 담당자들이 추억 속 까르띠에 광고를 찾아 보여주기도 하고, 프레드 아스테어Fred Astaire 나 알랭 들롱과 같은 유명인의 시계를 꺼내주기도 했다. 그들의 열정에는 전염성이 있었다. 그곳을 떠나면서 나는 문자반과 금속, 글자체를 흠 잡을 데 없이 작업하는 까르띠에의 장인정신과 간결하고 우아한 재질감에 감명을 받았고, 그 길로 내 첫 번째 까르띠에 시계를 구매했다.

콘스탄티노스 1세의
까르띠에 토노Tonneau

옐로우 골드와 핑크 골드 빛이 감
도는 까르띠에 토노는 1915년에
칼리브레 컷calibré-cut(다른 보석과
꼭 맞도록 보석을 정교하게 다듬는 공
법 - 옮긴이) 다이아몬드와 카보숑
컷cabochon cut(보석을 둥글게 다듬
는 공법 - 옮긴이) 사파이어로 제작
한 것으로 그리스 국왕 콘스탄티
노스 1세가 소유하던 것이다.

까르띠에 산투스 두몽

산투스 두몽은 이 책에 실린 모든 이야기의 시작점일지도 모른다. 이 시계는 (추정컨대) 최초의 조종사용 시계일 뿐만 아니라, 전 세계 남성들의 상상력을 사로잡은 최초의 손목시계이다.

늠름한 브라질 사람 아우베르투 산투스 두몽Alberto Santos-Dumont은 초창기 항공계의 선구적인 인물로, 1906년 10월 23일에 공기보다 무겁고 자력으로 이착륙이 가능하며 고정 바퀴가 달려 있는 비행기를 타고 유럽 최초의 동력비행에 성공했다. 그로부터 2년 전, 산투스 두몽의 친구이자 시계 제작자인 루이 까르띠에Luis Cartier는 산투스 두몽이 비행 중에 쉽게 시간을 확인할 수 있도록 그에게 줄 시계를 제작했다. 당시 남성들은 주로 회중시계를 갖고 다니는 것이 관례였지만, 산투스 두몽은 비행기 조종대를 잡은 상태로 회중시계를 확인할 수 없었다. 그래서 까르띠에는 가죽 끈으로 손목에 차는 소형 시계를 고안했고, 그렇게 해서 탄생한 "까르띠에 산투스 두몽"을 그에게 선물했다. 산투스 두몽은 비행에 나설 때마다 항상 이 시계를 착용했다. 산투스 두몽은 1906년에 세운 업적으로 유명 인사가 되었고, 그의 모습이 담긴 사진이 유럽 전역에 소개되면서 그가 찬 손목시계도 세간의 주목을 끌기 시작했다.

손목시계를 개발한 사람은 파텍 필립으로 알려져 있지만 당시 파텍 필립의 손목시계는 주로 여성용으로 여겨졌다. 남성이 손목시계를 담대하고 용감한 업적과 연결 지어 선망의 대상이자 동경의 대상으로 삼기 시작한 것은 까르띠에 산투스 두몽이 등장한 이후부터다. 진정한 시계 애호가라면 시계를 향한 그런 마음을 너무나도 잘 알고 있을 것이다. 손목시계를 향한 광적인 열망이 어디에서 시작된 것인지 궁금해하는 사람이 있다면, 그건 바로 이 시계에서 비롯되었노라고 대답해도 무방할 것이다.

MODELE DEPOSE

9/7/81

프레드 아스테어의 까르띠에 시계

옐로우 골드와 핑크 골드 빛 바탕에 유쾌함이 묻어나는 1929 까르띠에 탱크 상트레1929 Cartier Tank Cintrée 는 프레드 아스테어가 자신의 경주마 조련사 펠릭스 리치 주니어Felix Leach Jr에게 선물한 것이다. 시계 뒷면에는 "1929년 프레드가 펠릭스에게"라고 각인되어 있다.

디미트리 디미트로프
DIMITRI DIMITROV

선셋 타워 호텔Sunset Tower Hotel 더 타워 바The Tower Bar 지배인

타이멕스 인디글로
TIMEX INDIGLO

몇 년 전 어느 날 밤, 레스토랑이 몹시 붐비는 시간에 빌 머레이Bill Murray가 일행과 함께 레스토랑으로 들어섰다(그는 늘 즉흥적이다). 나는 그들이 앉을 자리를 찾으려고 발걸음을 재촉했다. 우리가 다 같이 어둡고 후미진 곳으로 향하고 있을 때 빌이 물었다. "지금 몇 시지?" 내가 손목시계를 보면서 8시 40분쯤 되었다고 대답하자 빌이 말했다. "자네 시계 좀 보여줘 봐."

나는 오래된 보메 메르시에Baume & Mercier 시계를 차고 있었는데, 레스토랑 안이 어두워서 시곗바늘을 제대로 확인하기가 어려웠다. 빌이 말했다. "이거 완전 고물이잖아. 못 써먹겠네!" 내가 대답했다. "빌, 그래도 자네한테 시간을 말해줄 수는 있었잖아, 안 그래?" "물론 그러기야 했지만 어두운 데서는 영 쓸모가 없겠어." 그러더니 빌은 자신이 차고 있던 타이멕스 시계를 풀어 내게 건넸다. "이거 받아 둬. 자네한테 필요할 테니!" 빌이 버튼을 누르자 시계에서 빛이 났다.

나는 호의는 고맙지만 시계를 받을 수는 없다고 말했다. 그러자 빌이 대꾸했다. "걱정할 것 없어. 이 시계는 내가 주는 선물이라고."

며칠 전 저녁에도 빌이 자기가 식사하고 있던 방으로 나를 부르더니 이렇게 물었다. "디미트리, 지금 몇 시지?" 내가 시간을 일러주자 빌이 웃었다. 내가 어둠 속에서 빌이 선물로 준 시계를 들여다보는 걸 봤기 때문이다.

빌이 준 시계는 아주 단순하고 기능적이며 아무 문제없이 잘 굴러간다. 하지만 이 세상의 거의 모든 시계는, 심지어 아주 오래된 시계라도 시간이 아주 잘 맞는다. 그 많은 시계들의 차이점이라고 할 만한 것은 무엇일까? 그건 그 시계에 담겨 있는 이야기다. 나에게도 수천 번은 되풀이한 놀라운 이야기가 있다. 누군가 내게 "왜 그 시계를 차고 다니냐?"라고 묻는다면 나는 이렇게 대답한다. "그건 말이야, 내 친구 빌 머레이가 준 시계거든…."

이베 키쿠오

KIKUO IBE

카시오 지쇼크Casio G_Shock 개발자

카시오 지쇼크

내가 카시오에 입사했을 때, 카시오는 이제 막 디지털시계를 만들기 시작하고 있었다. 나도 디지털시계 개발에 치열하게 임했고, 디지털시계가 우리의 미래라고 생각했다.

나는 새로운 시계, 그러니까 튼튼한 디지털시계를 기필코 만들어내고 싶었다. 제품 아이디어는 자동차 타이어나 캐터필러 몸통과 같은 기존 제품에서 얻었다. 나는 스스로에게 어떤 디자인이 필요한지, 어떤 종류의 기본 기능이 들어가야 하는지 질문해보았다. 개발 초기에 나는 이런 점들을 고려했지만, 시작점은 어디까지나 튼튼한 시계를 만드는 것이었다.

지쇼크는 1983년 4월에 출시되었고 이듬해 미국 시장에 첫선을 보였다. 출시 초 지쇼크가 유일하게 성공을 거둔 곳은 미국이었으며, 지금까지 지쇼크가 글로벌 시장에서 대접을 받는 주요 원인 중 하나도 바로 미국 시장에서 성공을 거둔 덕분이었다. 나는 30년 전, 슬림한 초소형 시계가 유행하던 그 시절에 지쇼크가 커다란 인기를 얻었다는 사실에 무척이나 놀랐다. 지쇼크는 당시에 각광받던 시계와는 정반대 스타일이었다.

하지만 지쇼크의 디자인에 싫증을 내는 사람은 아무도 없다. 이 디자인은 여전히 환상적이고, 현대적이다. 누군가 내게 오리지널 디자인에 뭔가 변화를 줄 생각이 있는지 묻는다면 "아뇨, 이 디자인이 30년 내로 싫증이 나지 않는 한 그럴 생각은 없습니다"라고 대답하겠다.

시계 모듈 프로토타입

지쇼크 초기 모델에 들어간 소프트볼 모양의 모듈 프로토타입은 시계의 구동 장치를 외부 충격으로부터 보호하기 위한 것이다. 지쇼크 개발자인 이베 키쿠오와 카시오의 연구원들은 여자 아이들이 운동장에서 고무공을 튀기는 모습을 보고 탄성이 있는 구조물 속에 시계 구동 장치를 넣는 아이디어를 얻었다. 이베는 내충격성 테스트를 위해 모듈 프로토타입 200개 이상을 도쿄에 있는 카시오 연구 개발소 3층 남자 화장실 창문 밖으로 던졌다고 한다.

시계 몸체 프로토타입

훗날 이 제품은 1996년에 출시된 지쇼크 MRG-G100 올-메탈 제품으로 거듭났다.

제임스 램딘

JAMES LAMDIN

아날로그/시프트Analog/Shift(시계 판매 업체 – 옮긴이) 설립자

1967 독사 서브 300 프로페셔널 '블랙 렁'
1967 DOXA SUB 300 PROFESSIONAL 'BLACK LUNG'

어렸을 때부터 나는 언젠가 내게 시계를 알아보는 안목이 생기리라는 걸 알았다. 그런 생각은 내 할아버지로부터 비롯되었다. 할아버지는 내게 특정한 시계를 물려주신 게 아니라 전반적인 안목을 물려주셨다. 할아 버지는 부유한 편은 아니셨지만, 당신의 삶 속에 들어와 있던 물건은 옷 이건 그림이건 술이건 음반이건 하나같이 최고급 제품이었다. 어린 시절 에 할아버지 댁으로 들어서면서 이런 말을 했던 기억이 난다. "새로 걸려 있는 저 그림은 뭐예요?" "그건 1973년에 뉴질랜드에 있는 조그만 상점에 서 산 거란다. 다 같이 아주 맛있는 로스트비프 샌드위치를 먹는 참이었 는데, 그 집 딸이 예쁘장했고, 개도 한 마리 기르고 있었지." 할아버지에 게는 이처럼 이야기를 들려주는 능력이 있었다. 나는 할아버지로부터 근 사한 시계를 물려받은 적은 없지만, 시계에 대한 내 관심은 분명 할아버 지에게서 비롯된 것이 틀림없다.

젊은 시절에는 지금보다 체구가 더 다부졌고, 스스로를 탐험가나 자 연인처럼 여겼기에 타이멕스 아이언맨Ironman이나 루미녹스 네이비 실 Luminox Navy Seal과 같은 디지털시계를 많이 차고 다녔다. '독사'라는 이 름은 초등학교 때 읽은 클라이브 커슬러Clive Cussler의 모험 소설 속에서 처음 접했다. 커슬러는 내가 가장 좋아하는 모험 소설 작가였고, 그의 소 설 속 주인공 더크 피트Dirk Pitt는 인디애나 존스와 제임스 본드, 자크 쿠 스토Jacques Cousteau를 한데 섞어 놓은 인물이었다. 그리고 그는 오렌지 빛 문자반이 들어간 독사의 다이빙 시계를 차고 다녔다.

할아버지가 돌아가시고 나서 나는 '나만의' 시계를 찾기로 결심했다. 그 순간 어떻게 생겼는지도 모르는 독사 시계가 언뜻 생각났다. 당시만 해도 인터넷 환경이 지금처럼 원활하지 않아서 시계 애호가가 모이는 온 라인 모임 같은 것은 존재하지 않았고, 이베이도 아직 걸음마 단계였다. 그렇다 보니 독사라는 브랜드는 물론이고 클라이브 커슬러의 개인사도

꿰뚫고 있는, 나보다 연배가 높은 수집가들을 찾는 일을 비롯한 수많은 것을 스스로 알아봐야 했다. (클라이브 커슬러는 첫 소설을 쓰던 무렵 자신이 일하던 다이브 숍에서 독사 시계를 구했고, 책에도 그 시계를 등장시켰다.)

수집가인 나는 늘 진정성 있는 이야기와 역사에 이끌린다. 나도 어느 정도는 아름다운 시계나 유행하는 시계에 관심이 가기는 하지만, 내가 정말로 좋아하는 시계는 기능성을 위해 디자인된 것들이다. 독사는 기능성 시계 분야에서 역사가 깊다. 스위스 회사인 독사는 롤렉스보다 더 이른 시기에 설립되었다. 초기에는 시간이 아주 정확한 회중시계로 성공을 거두었고, 나중에는 8일 동안 작동되는 자동차용 대시보드 시계를 선보이기도 했다. 만약 메르세데스 벤츠나 포드가 초창기에 출시한 모델에 시계를 설치했다면, 그 시계는 독사에서 제작한 시계였을 가능성이 높다. 한때 독사는 군대에 납품하는 회사이기도 했지만 1950~60년대부터는 납품을 중단했다.

하지만 그 무렵에는 스포츠 시계가 인기몰이 중이었다. 당시에 독사를 이끌던 경영자는 신종 스포츠인 스쿠버 다이빙에 푹 빠져 있었고, 그래서 다이버들을 위해 기능성과 실용성을 겸비하고 모양새마저 끝내주는 완전히 새로운 시계를 개발했다. 독사 서브 300은 세계 최초로 개발된 다이버용 시계는 아니지만, 아마추어와 프로 다이버 모두가 사용할 수 있는 기능성 시계로서는 세계 최초나 다름없었다. 눈에 잘 띄는 오렌지색이나 노란색 문자반, 단방향 회전 베젤(눈금이 있는 회전 링－옮긴이), 확장형 시계 버클은 모두 독사가 가장 먼저 선보인 요소들이다.

나만의 독사 시계를 찾기까지는 몇 년이 걸렸다. 그러다가 결국 이 시계를 찾아냈다. 캘리포니아에 거주하는 한 남성이 〈007 선더볼 작전〉을 촬영한 수중 카메라맨 출신 아버지로부터 독사 서브 300 '블랭 렁'을 물려받았다는 것이었다. 카메라맨 아버지는 1968년 플로리다에 있는 한 다이브 숍에서 이 시계를 샀다. 시간이 흘러 아버지는 아들에게 시계를 물려주었고, 아들은 그걸 잠깐 동안 차고 다니다가 책상 서랍에 넣어놓고는 30년 동안 잊고 지냈다. 아들은 애리조나로 이사를 가려고 이삿짐을 꾸리다가 아버지가 물려준 시계를 다시 찾아냈다. 그는 이 시계의 기원과 내력을 더 자세히 알고 싶어서 정보를 찾아다녔다. 그러다가 독사 시계와 관련된 글을 몇 차례 썼던 내게도 연락을 해왔다. 그는 내게 흐릿한 시계 사진 몇 장을 보내왔고, 그 사진을 본 나는 흥분의 도가니에 빠졌다. 나는 그에게 시계를 뉴욕으로 보내달라고 부탁했고, 그는 내 부탁을 들어줬다. 나는 시계가 진품인지 가품인지 살펴본 다음 그에게 전화를 걸어 시계의 가격이 얼마였는지 물었다. 그러자 그가 잠시 뜸을 들이다가 말했다. "시계를 사시려고요?"

그때는 내가 막 창업에 나섰던 무렵이었다. 당시 이 시계를 사기 위해 어마어마한 돈을 쓴 건 아니었지만, 그 단계에서 내 자신을 위한 시계를 마련한다는 건 호사스러운 일이었다. 더욱이 빈티지 시계는 엄청나게 호사스러운 물건이다. 그건 세상에서 유일무이한 시계를 갖는 일인 동시에 거기에 얽힌 이야기를 간직하게 되는 일이기도 하다. 그 이야기는 하나의 책이며, 거기에는 각각의 장이 마련되어 있다. 그렇게 빈티지 시계를 갖고 나면 자기 스스로 각 장을 채워나가야 한다. 독사는 구하기 불가능할 만큼 희귀한 시계는 아니지만, 그렇다고 어디서나 흔하게 구할 수 있는 시계도 아니다. 나는 시계를 사서 새로운 이야기를 써나간다든가 하는 식으로 뭔가 새로운 것을 시작했던 적이 없다. 그보다는 계속 이어지는 이야기 속에 내 이야기를 더해가고 싶을 따름이다. 아마도 영원토록.

독사 시계에 홀딱 빠져 있는 나는 항상 이 시계를 차고 다닌다. 어쩌다 보니 나는 독사 시계로 인해 이름이 조금 알려졌다. 독사 시계를 모조리 갖고 싶은 생각은 없다. 다만 독사 시계를 진심으로 좋아하기 때문에 어디선가 잠들어 있는 독사 시계들이 어서 빨리 구조되기를 바랄 뿐이다.

폴 부트로스
PAUL BOUTROS

필립스 경매 회사의 미국 지사장 겸 부사장

롤렉스 '큐 에이' 옵서버토리 크로노미터
ROLEX 'KEW A' OBSERVATORY CHRONOMETER

열 살 때 아버지와 함께 동전 박람회를 구경하고 난 뒤 5번가를 거닐다가 시계에 관심을 갖게 되었다. 그때는 벰페Wempe 시계 매장이 5번가에 있었는데, 그 매장 곁을 지나다가 쇼윈도 조명 아래에 감탄사가 절로 나오는 아름다운 시계가 놓여 있는 걸 본 것이다. 나는 그 시계의 무지막지하게 비싼 가격이 도무지 믿기지 않았다. 시계 하나에 5만 달러, 10만 달러씩 했다(우리 돈 약 6000만 원, 1억 2000만 원 – 옮긴이). 여점원이 우리를 근사한 부티크 안으로 안내하자, 내 눈은 반짝반짝 빛이 났다. 여점원이 내게 물었다. "우리 꼬마 신사분은 어떤 시계가 보고 싶으신가요?" 내가 2만 3000달러(우리 돈 약 2700만 원 – 옮긴이)짜리 IWC 포르토피노 문페이즈IWC Portofino Moon Phase 회중시계를 가리키자 여점원이 보관함을 열어주었다. 나는 할로겐 불빛 아래에서 루비와 도금 바늘, 그리고 똑딱이는 대형 밸런스 휠로 이뤄진 회중시계 무브먼트가 찬란하게 빛나는 모습을 보았다. 그 모습을 보고 첫눈에 반한 나는 그때부터 시계에 대해 더 많은 것을 알고 싶었다. 그래서 〈월스트리트 저널〉을 구해 광고에 적힌 번호로 전화를 걸기도 하고, 우편으로 파텍 필립, 오데마 피게Audemars Piguet, 브레게의 시계 카탈로그를 신청하기도 했다.

내 열정적인 모습을 보신 아버지도 내 취미 생활에 동참하셨다. 우리는 경매장, 벼룩시장, 소매점에 함께 다녔다. 이윽고 우리는 내가 조사 담당, 아버지가 구매 담당을 맡아 시계 수집에 빠져들었다. 그 이후 동전 수집은 그만두고 오로지 시계만 수집하게 되었다.

내 아버지는 이집트 출신이고, 아주 엄격한 기독교 문화 속에서 자랐다. 나는 아버지가 마흔둘에 얻은 늦둥이였다. 그래서 우리 둘 사이에는 문화적 차이뿐만 아니라 세대 차이도 있었다. 우리는 사사건건 충돌했지만, 시계와 관련해서는 아무런 충돌이 없었다. 유년 시절에 아버지와 온갖 행복한 추억을 쌓게 해준 원천이 바로 시계였던 것이다.

2002년에 아버지가 돌아가시고 난 뒤 귀중품 보관함을 여는 순간, 감정이 북받쳐 올랐다. 그 안에 담긴 수집품은 곧 우리가 쌓은 최고의 추억들이었다.

나는 당시 록히드 마틴 미사일 방어 시스템 개발 부서의 전기 공학자로 훌륭한 경력을 쌓아가고 있었다. 믿거나 말거나, 나는 정말로 로켓 과학자였다. 하지만 아버지가 돌아가시고 난 뒤 우리가 함께 모아온 시계들을 보고 있자니 열정이 다시 활활 타올랐다. 여가 시간에 재미삼아 시계와 관련된 글을 쓰거나 사진을 찍기 시작하면서 다시 시계의 세계로 완전히 빠져들었고, 타임존TimeZone(시계 전문 웹사이트 - 옮긴이)에서 몇몇 포럼도 운영했다.

이 시계는 아버지가 돌아가신 이듬해에 내게로 온 것이다. 이건 롤렉스에서 내놓은 시계를 통틀어 가장 희귀한 모델 중 하나이자 각종 브랜드가 내놓는 대중 시계 중 시간이 가장 잘 맞는 기계식 시계다. 롤렉스의 일류 시계 장인이 수작업으로 제작한 이 시계는 영국 큐 천문대가 주관하는 가장 엄격한 항해용 크로노미터 테스트를 통과한 것으로, 당시 제작된 144개 제품 중 하나이다. 내가 갖고 있는 이 희귀한 시계(전 세계에 5개밖에 없다)를 들여다보다가 이 안에 기욤 밸런스Guillaume balance라고 부르는 아주 복잡한 부품이 들어가 있다는 걸 알게 되었다. 그때만 해도 롤렉스가 이런 부품을 사용했다는 걸 아는 사람이 없었기에 나는 이 일로 수집가들 세계에서 이름이 알려지게 되었다.

그렇게 내 앞으로 문이 열리기 시작했다. 사람들이 내게 글을 써달라거나 상담을 해달라고 요청해오기 시작한 것이다. 나는 크리스티를 비롯한 경매 회사와 숱하게 대화를 나눴고, 급기야 경매 회사 필립스가 신설한 시계 전담 부서에 합류하게 되었다. 그것은 내가 록히드 마틴에서 파격적인 승진을 앞둔 시점에 일어난 일이었다. 지금 나는 내가 꿈꾸던 삶을 살아가고 있다.

나스

NAS

래퍼 겸 사업가

파텍 필립 노틸러스 레퍼런스 5712R

PATEK PHILIPPE NAUTILUS 5712R

열일곱 살 무렵 퀸스(뉴욕 시의 자치구 중 하나 - 옮긴이)에 살던 시절, 내게는 롤렉스 프레지덴셜Presidential 금시계를 차고 다니는 친구가 하나 있었다. 그 시계를 내 눈으로 보기 전부터 나는 그 시계와 관련된 소문을 무수히 많이 들었다. 그런 물건을 그렇게 가까이에서 본 건 내 평생 처음이었다. 내 주변에 롤렉스 순금시계를 가진 사람은 그 친구가 처음이었고, 어딘지 모르게 진지한 분위기를 내뿜는 그 시계 때문에 친구가 한결 어른스러워 보였다. 나는 나이가 들면서 새미 데이비스 주니어Sammy Davis Jr.(유명 가수 겸 배우 - 옮긴이)나 마틴 루서 킹 주니어와 같은 여러 유명 인사들이 그 친구처럼 롤렉스 금시계를 찬다는 걸 알게 되었다.

나는 아버지가 나처럼 시계를 차고 다니는 모습을 한 번도 본 적이 없었다. 우리 가족 중에 내가 좋아하는 종류의 시계를 차고 다니는 사람도 없었다. 하지만 내게는 내가 좋아하는 소품으로 멋을 내는 나만의 취향이 있었다.

나는 사람들이 잘 모르는 것들을 착용하기를 좋아한다. 잡지나 소문으로만 접해본 시계를 차고 있는 사람에게는 어딘지 남다른 면이 있다. 내가 보기에 다이아몬드가 가득 박힌 시계를 차는 사람은 유쾌하게 지내는 것을 좋아한다(내 경험상 그렇기도 하고, 나 스스로도 그렇다). 즐거운 시간이 찾아오기를 고대하는 것이다.

요즘 내가 제일 좋아하는 시계는 파텍 필립 노틸러스다. 우선 이름이 마음에 들고, 또 아무나 차고 다니는 시계가 아니어서 좋다. 이 시계의 크기나 형태도 손목이 굵지 않은 나에게 딱 맞다. 게다가 차고 다니기에도 편하다. 다이아몬드는 박혀 있지 않지만 로즈 골드 색상에 가죽 끈이 달려 있어서 어떤 스타일에도 잘 어울린다. 일상복을 걸칠 때는 물론이고 정장을 차려 입고 나설 때도 찰떡궁합이다.

디지털 세상에서 어떤 일이 일어난다고 해도 사람은 자기가 좋아하는 걸 계속 좋아하는 법이다. 오래된 영화는 화질이 좋지 않다고 해도 여전히 고전이기 때문에, 최신 영화가 제 아무리 화질이 좋다고 해도 나는 오래된 영화를 계속해서 볼 것이다. 조던 1 스니커즈는 발목 지지부가 후속 모델과는 다르지만, 나는 첫 출시 때 샀던 그 신발을 지금도 산다. 이렇게 어떤 물건들은 영원히 내 곁을 지킨다.

사람들은 시간이 허상이라고 말하기도 하지만 아무리 그렇더라도 우리에게는 시간이 필요하다. 훌륭한 시계는 그 시계를 차고 있는 사람이 시간을 잘 지키고, 책임감이 있고, 해야 할 일이 많다는 걸 보여준다. 또 시간을 관리할 줄 알고 삶을 진지하게 여길 줄 아는 사람이라는 걸 보여준다. 삶은 그 누구도 기다려주지 않는다. 그걸 깨닫지 못하는 사람이라면 결국 시간을 허비하게 될 것이다.

"내가 보기에
다이아몬드가 가득
박힌 시계를 차는
사람은 유쾌하게
지내는 것을
좋아한다. 즐거운
시간이 찾아오기를
고대하는 것이다."

—나스

TO RICHARD
FROM
E.P.

엘비스 프레슬리의
코럼 버킹엄 레퍼런스 5971

이 황금빛 사각 시계는 코럼Corum사의 버킹엄Buckingham이라는 모델로 엘비스 프레슬리가 착용하던 것이다. 훗날 엘비스 프레슬리는 시계에 뭔가 문제가 생긴 것 같다는 핑계를 대면서 오랫동안 자신을 위해 수행원, 경호원, 영화 대역을 맡아준 리처드 데이비스Richard Davis에게 이 시계를 줬다. 리처드 데이비스는 시계 뒷면을 살펴보다가 "엘비스 프레슬리가 리처드에게"라고 쓰인 각인을 발견했다. 아마도 엘비스 프레슬리는 이 시계가 리처드 데이비스에게 '행운의 부적'이 되길 바란 듯하다.

잭 칼슨

DR. JACK CARLSON

고고학자 겸 작가

1914 월섬 트렌치 워치
1914 WALTHAM TRENCH WATCH

내 전공은 로마 및 중국 고고학이다. 두 분야 모두 내 1914 트렌치 워치보다 훨씬 오래된 것들을 다룬다. 나는 공예품에 담겨 있는 발상이 좋고, 이런 물건들을 통해서 역사를 이해한다는 점도 마음에 든다.

나는 매사추세츠 주 월섬에 자리한 월섬 시계 공장에서 5분여 쯤 떨어진 곳에서 자랐다. 동네를 거닐거나 음식을 먹거나 커피를 마시러 가면, 상점들은 너나 할 것 없이 '시계 마을 양조장'처럼 시계 공장과 관련된 간판을 내걸거나 시계 모양의 로고를 사용했다. 그 모습은 내가 살고 있는 동네가 미국의 뛰어난 제조업 기술력이 이어져 오고 있는 곳이라는 사실을 일깨워줬다. 실제로 여기에서 만들어지는 수많은 시계는 제1차 세계대전에 참전한 미국 병사들을 위해 제작되었다.

이 시계에 달린 파편 방지망은 시계의 용도와 역사를 알려준다. 방지망에 담긴 발상(당신이 산산조각 나더라도 시계 유리에는 금이 가지 않을 것이다)은 음울한 블랙 유머 같다. 그 안에는 제법 엄숙한 현실 인식이 담겨 있다.

고고학에는 재료의 일생을 의미하는 '재료 일대기material biography'라는 용어가 있다. 그래서 우리는 이 시계를 차고 있던 사람에게 어떤 일이 일어났는지 말할 수 있는 것처럼 이 시계에게 일어난 일과 시계의 제작 장소 및 사용처, 그리고 시계가 목격했을 법한 장면에 대해서 이야기할 수 있다.

이 시계는 누군가로부터 물려받은 것이 아니어서 개인적인 유대감 같은 것은 갖고 있지 않다. 하지만 이탈리아에서 발굴 조사를 하다가 동전이나 도자기 조각을 발견했을 때도 개인적인 유대감을 느끼지 않았다. 그렇지만 이런 유물에 얽힌 뒷이야기를 상상해보는 것은 발굴 조사가 가진 매력 중 하나이다.

애런 지그몬드
AARON SIGMOND
칼럼니스트 겸 작가

엘진
ELGIN

내 할아버지는 20대 후반이던 제1차 세계대전과 제2차 세계대전 사이에 여느 20세기 동유럽 이주민들처럼 미국으로 건너왔다. 하지만 할아버지는 브루클린이나 로어 이스트 사이드Lower East Side(맨해튼 남동쪽 지역 – 옮긴이)에 정착하지 않고 러시아와 폴란드에서 건너온 여러 유대인들처럼 시카고를 향해 계속해서 발길을 옮겼다. 시카고에는 이미 증조할아버지와 할아버지의 형제들이 와 계셨는데, 그들은 모두 자동차 판매업에 종사하고 있었다. 할아버지가 미국에서 제일 처음 마련한 물건 중 하나는 바로 이 엘진 시계였다.

할아버지에게 엘진이라는 브랜드는 두 가지를 상징했던 듯하다. 그중 하나는 미국이라는 낯선 땅에서 맞이한 새로운 삶이었고, 다른 하나는 시카고였다. 엘진의 본사가 시카고에 자리하고 있었기 때문이다.

할아버지는 결혼식, 바르미츠바(유대인의 성인식 – 옮긴이), 대축일과 같이 특별한 날이 찾아오면 이 시계를 차셨다. 그런 뒤에는 다시 시계를 서랍에 넣어두셨다. 내가 바르미츠바를 맞이했을 때 할아버지, 할머니는 전통대로 성경과 펜, 그리고 약간의 축의금을 주셨다. 하지만 나는 할아버지께 내가 정말 갖고 싶은 건 할아버지의 시계라고 말씀드렸다.

할아버지가 돌아가셨을 때 할머니는 관례대로 할아버지의 유품인 반지 도장, 사파이어 반지, 그리고 아주 근사한 시계 몇 점을 식구들에게 나눠주셨다. 할아버지의 엘진 시계는 무척 낡은 상태였다. 가죽으로 만든 시곗줄은 달려 있지 않았고, 문자반에는 숫자 몇 개가 떨어져 나가 있었다. 그 시계를 원하는 사람은 아무도 없었다. 내게 그 시계는 할아버지의 생애를 상징하는 물건이었기에, 다른 사람들이 그런 모습을 보이는 게 이상했다. 시계는 할아버지의 삶을 이야기하고 있었다.

돈이라는 관점에서 보자면, 이 시계는 내가 수집한 시계 중에서 가장 값어치가 떨어진다. 하지만 이 시계는 나에게 가장 소중하다. 할아버지가 그러셨듯이, 나는 특별한 날에만 이 시계를 찬다.

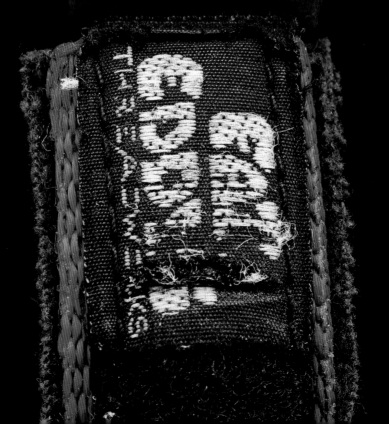

맥스 와슬러
MAX WASTLER
블로그 올 플레이드아웃All Plaidout의 설립자

타이멕스 아이언맨
TIMEX IRONMAN

이 시계는 내가 열 살 때 캠프를 이끌던 매트 선생님에게서 받은 것이다. 그때 나는 선생님이 정말 멋지다고 생각했다. 선생님은 모든 면에서 훌륭했다. 텍사스에서 대학 야구를 했던 선생님은 남들이 잘 모르는 것들을 종종 우리에게 가르쳐주셨다. 또 그는 내가 파타고니아 스냅 티셔츠(머리에서부터 뒤집어써서 입는 형식의 옷 – 옮긴이)와 배기 쇼츠(헐렁한 반바지 – 옮긴이) 그리고 타이멕스 아이언맨 시계에 사족을 못 쓰게 만든 장본인이기도 하다. 수영을 할 때마다 이 시계로 시간을 재주던 선생님께 시계가 정말 끝내준다고 말했다. 네 번의 여름 동안 선생님을 만날 때마다 이 시계 이야기를 꺼냈더니, 마지막 여름에 선생님이 이 시계를 내게 주셨다.

나는 캠프에서 오리엔티어링orienteering(지도와 나침반을 사용해 목적지를 찾아가는 경기 – 옮긴이)과 다이빙, 텐트 설치법, 모닥불 피우기를 배웠다. 내가 모험을 떠날 때 여전히 요긴하게 써먹는 것들은 모두 이 시계와 연결되어 있다. 이 시계를 볼 때마다 내가 야외에서 경험했던 잊지 못할 순간들이 모두 떠오른다.

꼬맹이 시절 내가 정말로 멋있다고 생각했던 것은 우습게도 벨크로 시곗줄이었다. 벨크로가 처음 출시되었을 때 나는 이 시대를 대표하는 따끈따끈한 발명품이 등장했다고 생각했다. 벨크로 시곗줄은 이 시계의 기본 미덕인 실용성에 기여한다. 덕분에 타이멕스 아이언맨은 단순하고 깔끔한, 디지털시계의 고전이 되었다. 타이멕스 아이언맨은 모양과 색상 조합이 좋고, 어느 면에서 보더라도 과한 구석이 없다. 이전에 내가 차던 카시오 더블유알WR과 비교하면, 인디글로 라이트라는 불빛 기능과 시작-정지 및 알람 기능이 추가되었다. 나는 오랫동안 이 시계를 알람시계로 사용했다.

지금도 이 시계는 손목에 내려쳤을 때 '착' 하고 감기던 90년대식 팔찌처럼 느껴진다. 하루 종일 손목 위에서 두툼하게 자리 잡고 있을 때의 그 느낌이 참 좋다. 이걸 차고 있으면 도시 한복판에서도 내 안에 깃든 모험가 기질이 되살아난다.

호이어
수장고 이야기

내가 호이어를 방문한 이유는 영화 〈르망Le Mans(1971)〉에서 스티브 맥퀸이 착용한 유명한 시계 호이어 모나코Heuer Monaco를 보기 위해서였다. 호이어의 수장고에는 영화 소품으로 사용한 시계 세 점 중에 하나가 보관되어 있다. 이 시계를 손에 쥐니 황홀한 기분이 밀려들었다. 이 시계는 세상에서 가장 유명하고 널리 알려져 있는 시계 중 하나다.

　호이어하면 자동차 경주를 떼놓을 수 없다. 호이어의 수장고에는 포뮬러 원 선수 조 시페르트Jo Siffert가 착용했던 유명한 시계와 페라리 선수에게 지급된 금시계, 대시보드용 타이머, 희귀한 스톱워치, 그리고 브라질 출신의 포뮬러 원 전설 아이르통 세나Ayrton Senna가 직접 디자인한 온갖 멋들어진 시계도 보관되어 있다.

　호이어가 수장고에 갖춰 놓은 컬렉션은 놀라울 따름이다. 그리고 다른 브랜드의 수장고와 달리 이곳은 수장고가 위치한 라 쇼드퐁La Chaux-de-fonds 주민들에게 일 년에 단 하루만 공개되는 진짜 박물관이자 전시 공간이다. 우리는 이렇게 엄청난 시계들을 만나볼 수 있다는 사실에 감사했다.

영화 〈르망〉에서
스티브 맥퀸이 착용한
호이어 모나코

서 스티브 맥퀸은 소품의 통일성을 위해 호이어의 크로노그래프인 청색 모나코 시계를 착용했고, 이후 이 시계는 열광적인 인기를 얻었다.

조 시페르트의 호이어 오타비아

스티브 맥퀸이 영화 〈르망〉에서 그 유명한 청색 모나코 시계를 착용한 이유는 바로 조 시페르트와 그가 착용한 이 시계 때문이었다. 조 시페르트는 자동차 경주 이외에 스포츠카를 빌려주는 업체도 운영했다. 영화 〈르망〉의 소품 담당자는 조 시페르트에게 영화에 등장시킬 포르쉐 차량을 요청했고, 이를 계기로 스티브 맥퀸은 조 시페르트를 만나게 된다. 스티브 맥퀸은 조 시페르트가 입은 것과 똑같은 레이싱 수트를 입고자 했는데, 이 레이싱 수트 오른쪽 어깨 부위에는 눈에 잘 띄는 호이어 크로노그래프 패치가 붙어 있었다. 그래서 스티브 맥퀸은 소품의 통일성을 위해 호이어의 크로노그래프인 청색 모나코 시계를 착용했고, 이후 이 시계는 열광적인 인기를 얻었다.

맷 흐라넥

MATT HRANEK

편집자 겸 작가, 사진가

시어스 곰돌이 푸 손목시계
SEARS WINNIE THE POOH WATCH

어린 시절, 나는 미키 마우스보다는 곰돌이 푸의 광팬이었다. 아마도 푹
빠져 있다는 말로는 부족할 것이다. 내 물건에는 온통 곰돌이 푸가 그려
져 있었다. 이불이든 장난감이든 잠옷이든 일단 곰돌이 푸가 그려져 있
기만 하면 그 물건을 샀다.

　이 시계는 내가 다섯 살인가 여섯 살 때 할머니께서 주신 것이다. 적어
도 어머니의 기억에 따르면 그렇다고 한다. 할머니는 거의 모든 물건을 시
어스 카탈로그를 보고 사셨기 때문에, 이 작은 수동형 시계 역시 시어스
에서 왔다는 건 어찌 보면 당연한 일이다.

　어머니는 이 시계를 오래도록 보석함에 담아서 보관하셨다는데, 최
근에 내게 돌려주셨다. 내가 일평생 시계광이었다는 걸 생각해보면, 이
시계가 바로 그 모든 것의 출발점이었다고 말해도 무방할 것이다.

브루클린으로 가는 길

아톰 무어
ATOM MOORE

아날로그/시프트Analog/Shift 소속 사진가 겸 아트 디렉터

스와치 뉴욕 시티 에디션
NEW YORK CITY SWATCHES

어린 시절에는 시계에 그리 큰 관심이 없었다. 하지만 스와치 시계만큼은 다채롭고 멋져서 하나쯤 장만하고 싶었다. 나는 매사추세츠에서 자랐고, 그곳에 있는 조그만 공립학교에서 사진을 공부했다. 2005년, 인턴십을 위해 뉴욕에 왔을 때 일자리가 필요했고, 그래서 타임스퀘어에 있는 스와치 매장에서 일자리를 얻었다.

그곳에서 일한 지 얼마 되지 않았을 때 나는 지금껏 출시된 스와치 시계의 정보를 모두 수록해 놓은 《스와치 바이블》이라는 게 있다는 사실을 알게 되었다. 나는 점심시간을 활용해서 그 책을 파고들었다. 내 눈길을 사로잡은 시계는 언제나 예술 작품을 접목한 제품이었고, 갖고 싶은 스와치 시계도 그런 것들이었다. 그중에서 내가 꼭 갖고 싶은 모델은 스와치 매장에서 일하기 전에 출시된 키스 해링Kieth Haring 시계였다. 키스 해링 시계는 출시 당시에는 40~50달러에 판매되었지만, 그즈음에는 800달러에 팔리고 있었다. 나는 이제 막 학교를 졸업한 처지였기에 그만한 시계를 구입할 여력이 없었다. 그렇게 한동안 키스 해링 시계를 잊고 지냈다. 그러다가 3, 4년 전쯤 경매장에서 시계 사진을 찍는데, 그다음에 찍을 시계가 키스 해링 시계라는 사실을 알고는 잠깐 넋을 잃고 말았다.

그 무렵 나는 아내와 함께 유명 브랜드 시계를 수집하고 있었다. 키스 해링 시계가 내 앞에 떡하니 나타났을 때, 나는 발걸음을 뗄 수 없었다. 그날 밤, 아내에게 그 이야기를 들려주자 아내가 말했다. "이건 우리가 꼭 사야 해." 우리는 예상 낙찰가의 하한선에 있는 가격을 써 냈고, 운 좋게 시계를 낙찰받았다.

이 시계는 세월의 흔적이 엿보이지만, 만약 시계가 완전히 새것 같은 상태로 깔끔하게 포장되어 있었다면 차고 다니기가 망설여졌을 것이다. 나는 늘 스와치 시계를 산다. 값싸고 재미있는 시계이니 살 만하지 않은가? 스와치 시계는 손목에 차고 다닐 수 있는 조그만 예술 작품 같다.

스와치 키스 해링 에디션

프랭크 카스트로노보
FRANK CASTRONOVO

프랭키스 스푼티노 그룹Frankies Spuntino Group 주방장 겸 공동 대표

IWC 마크 XV
IWC MARK XV

내 할아버지는 노동자 집안에서 태어나 크게 성공한 분이셨다. 할아버지는 대공황기에 브루클린에서 자라셨다. 살기 위해서는 돈을 벌어야 하는 상황이었기에 할아버지는 고등학교를 중퇴하고 군대에 들어가셨다. 전쟁에 참전해 훈장을 무수히 받았고, 중위로 제대하셨다. 할아버지는 예비역 대령으로 전역할 정도로 지도자 자질을 타고난 분이셨다.

할아버지는 자동차, 시계, 그리고 독립전쟁과 남북전쟁 때 사용하던 총기를 수집하셨다. 할아버지는 그런 물건이 우리 곁을 지켜준다고 믿으셨다. 그런 물건은 가치가 있기 때문에 수집해야 한다고 생각하신 것이다.

2000년, 독일에 살던 내가 딸을 얻었을 때 할아버지가 우리 가족을 보기 위해 독일로 건너 오셨다. 할아버지가 독일로 오신 데에는 두 가지 이유가 있었다. 첫째는 당연히 우리 가족을 보기 위해서였고, 둘째는 독일이라는 나라를 둘러보기 위해서였다. 할아버지는 제2차 세계대전 당시 일본군에 맞서 싸우셨지만 독일에는 와 본 적이 없으셨다. 당시 할아버지는 뉴욕 시 위생국장의 보좌관이었고, 독일의 효율적이고 청결한 면모를 늘 좋게 보셨다. 또 독일인과 독일 문화에도 관심이 많으셨다.

할아버지는 예전부터 경사스러운 날이면 보석과 시계를 선물해주셨다. 그래서 독일에 도착하셨을 때 예상대로 내게 "필요한 게 있냐?" 하고 물어오셨다. 나는 이미 독일에서 시계 매장 몇 곳에 들렀던 터라 스위스 샤프하우젠Schaffhausen에서 만드는 IWC 시계가 유명하더라는 말씀을 드렸다. 당시만 해도 IWC 시계는 그리 유명한 브랜드가 아니었다. 하지만 나는 그들이 무브먼트를 자체 제작하는 등 모든 제품을 자체 생산한다는 점과 고품질이면서도 가격대가 적절하다는 점이 마음에 들었다.

할아버지와 함께 지도를 보니, 내가 살던 프라이부르크에서 IWC 매장까지는 자동차로 1시간 45분 거리였다. 우리는 자동차를 몰고 길을 나섰다. 할아버지와 단둘이 검은 숲Black Forest을 거쳐 IWC 부티크까지 가

"이 시계는 내 일상용 시계이지만 동시에 자녀나 손주에게 물려줄 가보이기도 하다. 가보는 내 삶 속에 들어와 있는 사람들에 대해 생각하게 해준다."

—프랭크 카스트로노보

는 길은 참으로 아름다웠다. 우리는 그렇게 IWC의 본고장에 가서 마크 XV를 샀다.

　나는 이 시계가 단순해서 좋다. 숫자가 큼지막하게 적혀 있고, 스테인리스 스틸 몸체에 검정색 문자반이 들어가 있다. 또 차고 다니기에 아주 편해서 차고 있다는 느낌이 아예 들지 않을 정도이다. 게다가 유행을 타지 않는 스타일이라 일상복이나 정장 등 어느 옷에나 잘 어울리는 시계다.

　이 시계는 내가 나를 위해 고른 첫 시계이지만 누군가로부터 물려받은 시계가 아니다. 이 시계는 내 일상용 시계이지만 동시에 자녀나 손주에게 물려줄 가보이기도 하다. 가보는 내 삶 속에 들어와 있는 사람들을 생각하게 해준다. 우리 할아버지와 같은 분 말이다. 할아버지는 흠잡을 데 없는 안목과 멋진 옷을 갖추고 계셨고, 86세로 돌아가시던 날까지 쿠바산 시가를 피우셨다. 할아버지는 내게 아버지나 다름없었다. 이 시계를 볼 때마다 내 할아버지 루 딜레오를 떠올린다.

에드먼드 힐러리 경Sir Edmund Hillary의
롤렉스 오이스터 퍼페츄얼

에드먼드 힐러리 경과 텐징 노르가이Tenzing Norgay의 에베레스트 정상 등극(1953년, 8848미터)만큼 사람들의 마음속에 지속적으로 반향을 일으킨 사건은 거의 없다. 힐러리 경이 손목에 차고 있던 시계는 1950년에 제작한 롤렉스 오이스터 퍼페츄얼 공인 크로노미터였다. 하얀색 문자반에 단검형 바늘과 삼각 눈금이 특징인 이 시계는 이전에 출시된 롤렉스 익스플로러와는 닮은 점이 별로 없었다. 이 시계는 한 번도 상업용으로 출시된 적이 없고, 힐러리 경에게 테스트용으로 증정된 것이다(롤렉스는 1953년에 실시한 에베레스트 등반의 후원사였다). 에베레스트 등반에서 돌아온 힐러리 경은 약속대로 이 시계를 고국 뉴질랜드에서 스위스에 있는 롤렉스 본사로 보냈다. 현재 시계가 가리키는 눈금은 정확히 힐러리 경이 에베레스트 정상에 등극한 시간이다. 롤렉스는 광범위한 테스트 후에 이 특별한 시계를 취리히에 있는 바이에르 시계 박물관에 기증했고, 바이에르 시계 박물관은 지금까지 이 시계를 소장해오고 있다.

엥 테이
ENG TAY

화가

파네라이 레퍼런스 3646
PANERAI REFERENCE 3646

나는 오래된 자동차나 시계처럼 뭐든 오래된 것을 좋아한다. 그게 내 취향이다. 제품의 기계적 성능에는 그리 큰 관심이 없다. 나는 그저 아름다운 것들을 좋아하며, 그게 바로 내가 화가가 된 이유이다! 나는 언젠가 동생으로부터 파네라이 시계에 대한 이야기를 전해들은 적이 있다. 일 때문에 일 년에 한 번씩 아시아(홍콩이나 말레이시아나 싱가포르)에 갈 때면 늘 시계를 구경하러 윈도쇼핑에 나선다. 시계 쇼핑을 무척 좋아하지만 2005년이 되어서야 처음으로 파네라이 시계를 구매했다. 한 친구에게서 이 파네라이 시계를 구매할 수 있는 기회가 생겼을 때, 그 기회를 지나칠 수 없었다. 시계의 디자인뿐만 아니라 원래 해군 장교가 차던 시계라는 내력에도 이끌렸다. 그렇게 해서 내 빈티지 시계 컬렉션에는 중요한 의미가 있는 시계가 추가되었다. 하지만 파네라이 PAM21이 내 손에 들어온 과정은 그 어디에도 비할 데가 없다.

한 친구가 경매장에서 막 돌아와 PAM21에 대한 글을 썼는데, 마침 내가 그 글을 보았다. 나는 해마다 한 차례씩 싱가포르로 출장을 다녀오는데, 20시간 넘는 비행 끝에 뉴욕으로 돌아와 컴퓨터를 켜자마자 그 친구가 PAM21을, 그것도 상자에 담긴 새 제품으로 판매한다는 글을 남긴 걸 본 것이다. 판매지는 싱가포르였다.

그 친구에게 전화를 걸자 그는 경매가에 최소 5퍼센트를 더 얹은 아주 비싼 값을 불렀다. 하지만 나는 이런 시계가 경매장에 자주 나오지 않는다는 사실을 알고 있었다. 그래서 그에게 시계를 사고 싶다고 말했다. 우리는 서로 모르는 사이였지만 나는 비행기표를 사서 다시 싱가포르로 날아갔다. 우리는 은행으로 갔고, 나는 그에게 현금을 건넨 뒤에 시계를 받고서 다시 공항으로 향했다.

그렇게 나는 싱가포르에서 뉴욕으로 돌아오자마자 시계를 사기 위해 다시 비행기에 올라 싱가포르로 돌아갔고, 시계를 사고 나서 곧장 뉴욕으로 돌아왔다. 열정이란 바로 이런 것이 아닐까?

조지 뱀포드

GEORGE BAMFORD

뱀포드 워치 디파트먼트Bamford Watch Department(시계 주문 제작 업체 – 옮긴이)의 설립자

BWD × DRX '뽀빠이' 요트마스터(육사 – 해사 대항전)
BAMFORD WATCH DEPARTMENT × DR. ROMANELLI
'POPEYE' YACHT-MASTER(ARMY VS NAVY)

우리가 구매하는 모든 물건에는 마음이 깃든다. 우리는 그 물건을 어디에서 얼마를 주고 샀는지와 같은 세부적인 사항들을 기억한다. 그리고 그 물건을 오로지 나만의 것으로 여기고 싶어 한다. 우리 입에서 "이건 특별해, 이건 내 거야"라는 말이 나오게 만드는 것은 자잘한 디테일이다. 시계를 주문 제작해주는 우리 회사는 그런 디테일을 훨씬 더 확실하게 구현해주는 곳이다.

내가 어렸을 때는 뽀빠이, 스누피, 미키 마우스가 만화계의 3대장이었다. 그중에서도 내가 가장 좋아하는 만화는 언제나 뽀빠이였다. 나는 시금치를 먹는 근육맨이 참 좋았다. 뽀빠이는 정말 멋진 사나이였지만 그 역시 사람이었다는 걸 알고 계시는지?

그래서 2003년에 나는 내 친구이자 동료인 대런 로마넬리(닥터 로마넬리라고 불리는 패션 디자이너 – 옮긴이)에게 이런 말을 하기 시작했다. "시계에 뽀빠이를 넣으면 좋지 않을까?" 그건 사업성을 고려해서 했던 말이 아니었다. 나는 그저 롤렉스 요트마스터에 뽀빠이를 넣어보고 싶었을 뿐이었다. 나만큼 뽀빠이에 매료된 사람이 또 있으리라고는 생각지도 못했는데, 그런 사람들이 나 말고도 많았다! 우리는 뽀빠이 시계를 출시했고 그 시계는 한 주 반이 채 되지 않아서 완판되었다. 우리는 뽀빠이의 판권을 가지고 있는 허스트Hearst와도 함께 일했는데, 허스트는 뽀빠이가 자신에게 시계 선물을 준 우리 회사에 찾아오는 모습을 만화로 제작하기도 했다. 나는 그 만화를 사무실에 보관하고 있다. 정말 멋진 만화다.

나는 오래된 만화 시리즈 같은 걸 참고할 때면, "유명 브랜드가 이미 다 한 것들이다. 미키 마우스 롤렉스를 봐라"라고 말한다. 그렇기에 내가 진짜로 하고 싶은 일은 그저 원작에 대한 오마주를 표현하는 것이다. 나만의 방식으로 말이다.

마크 초
MARK CHO

디 아머리The Armoury(남성복 업체 – 옮긴이) 설립자 겸
드레이크스Drake's(남성복 업체 – 옮긴이) 공동 대표

그랜드 세이코 61GS VFA
GRAND SEIKO 61GS VERY FINE ADJUSTED

나는 사업상 일본 브랜드와 협업을 할 때가 있다. 그래서인지 일본의 제조업이 성공 궤도에 오른 1950~60년대, 그중에서도 특히 1960년대에 관심이 많다. 나는 진정으로 최선을 다해 자기 한계를 넘어서려는 일본인들의 자세가 참 마음에 든다.

이 시계는 내가 사업차 도쿄에 3주가량 머물렀을 때 구입한 것이다. 시간이 날 때마다 나는 빈티지 소품 가게에 들렀고, 그중 한 곳에서 이 시계를 발견했다. 가격이 8000달러(우리 돈 약 850만 원 – 옮긴이) 정도여서 깜짝 놀랐다. 8000달러짜리 세이코 시계는 본 적이 없기 때문에 말도 안 되는 값이라고 생각했다.

나는 시계를 살 때는 본능에 따르는 편이다. 시계의 외관에 뭔가 특별한 구석이 있다면 일단 조사를 좀 해보는데, 그러고 나서 확신이 서면 구매에 나선다. 내가 수집하는 시계들은 대개 유명한 시계가 아닌데 이상하게도 내가 5년, 10년 전에 구매한 몇몇 시계는 인지도가 예전보다 훨씬 높아지는 일이 있었다.

그래서 나는 집으로 돌아와 가게에서 봤던 세이코 시계에 대해 알아보기 시작했고, 이 시계가 무척 특별하다는 사실을 알게 되었다. 나는 이 시계의 외관과 내력이 마음에 들었고, 그래서 과감히 구매하기로 결심했다. 시계를 사고 나서 한 주 뒤, 세이코라는 브랜드에 푹 빠져든 나는 도쿄 북동쪽에 있는 세이코 박물관을 방문했다. 박물관에는 내가 구매한 시계와 똑같은 시계가 전시되어 있었다! 알고 보니 그 시계는 세이코의 역사에서 빼놓을 수 없는 시계 중 하나였고, 덕분에 나는 "그래, 괜찮은 선택이었어"라고 생각하게 되었다.

그랜드 세이코의 첫 번째 모델이자 이 시계의 전작인 그랜드 세이코 3180은 일본이 스위스 시계만큼 훌륭한 시계를 만든 시작점이다. 예전에 스위스 뇌샤텔 천문대Neuchâtel Observatory에서 크로노미터 경연 대회

가 열린 적이 있는데, 그랜드 세이코는 1960년대 중반부터 이 경연 대회에 참가해 다양한 시계 무브먼트와 디자인을 선보였다. 세이코는 참가 첫해에 192위를 기록했지만, 5년 뒤에는 기술과 디자인을 개선해 4위를 차지했다. 스위스는 그 이듬해에 경연 대회를 중단했지만 그해부터 출시된 시계들의 성능을 비교해본다면, 아마 세이코가 1위 자리에 올랐을 것이다. 빈말이 아니라 정말로 10위 내 일곱 자리를 세이코가 차지하고 나머지 세 자리는 오메가나 롤렉스와 같은 전통적인 브랜드가 채웠을 것이다.

시계와 시곗줄을 연결하는 부위가 넓고, 면이 많고, 제법 각이 져 있는 세이코의 디자인 언어는 지금도 계속해서 이어지고 있다. 내가 보기에 이런 개성 있는 디자인은 언젠가 인기를 얻을 것이다. 지금은 아니더라도 10년, 20년이 지나 세이코의 인지도가 높아지면 크게 유행할 것이 분명하다. 이건 묘한 구석이 있는 시계이다. 그리 유명한 시계는 아니지만 나는 이 시계가 좋다. 이건 내게 행운의 시계이다.

한 시계 수집가가 내 시계를 보더니 이렇게 말했다. "세상에, 이 시계 끝내주는데!" 그래서 나는 이 시계에 얽힌 이야기를 들려줬고, 그는 내게 세이코 관계자를 소개해줬다. 일본인은 이탈리아인과 마찬가지로 사업을 할 때 관계를 아주 중요하게 여긴다. 나는 요즘 많이들 그러듯이 "앱으로 해결할 수 있다!"는 식의 자세는 좋아하지 않는다. 그보다는 사람들과 관계를 형성하는 쪽이 좋다. 그래서 지금 디 아머리는 비非시계 업체 중에서 유일하게 미국을 비롯한 전 세계에 세이코 시계를 공급하는 공식 판매점이 되었다.

"이건 묘한 구석이

홀거 토스
HOLGER THOSS

사진가

브라이틀링 크로노매틱 GMT
BREITLING CHRONO-MATIC GMT

이 시계는 아버지가 갖고 계시던 것이다. 아버지는 이 시계를 70년대 후반에 구매하셔서 10년쯤 전까지 차시다가 내게 물려주셨다. 그때 아버지는 이렇게 말씀하셨다. "이 시계를 받아주렴. 네가 나보다 요긴하게 쓸 것 같구나."

우리는 서로 취향이 다를 때도 있었지만 이 시계만큼은 내 마음에 쏙 들었다. 무엇보다 아버지가 내게 뭔가 특별한 걸 전해주고 싶어하셨다는 사실이 참 기분 좋았다. 내가 먼저 아버지께 시계를 달라고 말하는 일은 없었을 것이다. 나는 '물건'이 그다지 중요하지 않다고 생각하는 부류에 속하기 때문이다. 내게는 열 살과 열세 살인 두 아들이 있는데, 두 아들에게도 그런 생각을 전해주고자 노력하고 있다.

불교 전통에서 모래로 불화를 그리는 것처럼 우리는 아름다운 모래 그림을 그리고자 시간과 정서적 에너지를 쏟아붓지만 모래 그림은 오래가지 않아 곧 사라져 버린다. 나는 그러한 사상에 진정한 아름다움이 깃들어 있다고 생각하기에 내가 갖고 있는 물건도 그런 자세로 대하고 있다.

이상하게 들릴지 모르겠지만 자기 물건을 소중하게 여기는 것은 물론이거니와 그 물건들과 관계를 맺는 것 역시 중요하다고 생각한다. 우리는 물건 하나하나를 소중히 대해야 하며, 그와 동시에 때가 되면 놓아줄 줄도 알아야 한다.

그래서 결국 내게 훨씬 더 가치 있는 것은 아버지의 시계라기보다는 시계를 물려주신 아버지의 행동이었다고 생각하는 것이다.

론진 린드버그 아워 앵글 워치Longines Lindbergh Hour Angle Watch

1927년, 탐험가 찰스 린드버그Charles Lindbergh는 단독으로 대서양 횡단 비행에 성공한 최초의 인물이 되었다(뉴욕에서 파리까지 33시간 30분이 걸리는 여정이었다). 린드버그는 비행에 성공하기 위해서 추측 항법과 항공기 조종술에 의지했지만, 훗날 해군 소령인 필립 반 혼 윔즈Philip Van Horn Weems에게서 천문항법을 배웠다. 두 사람이 머리를 맞대서 나온 결과물이 바로 론진 비트나우어Longines Wittnauer가 제작한 론진 린드버그 아워 앵글 워치이다. 이 시계는 미국에서 1930년과 1931년에 판매되었다. 린드버그가 설계한 이 시계를 론진이 제작한 이유는 론진이 린드버그가 역사적인 비행을 하는 동안 시간을 측정했기 때문이었다.

직경 47.5mm의 큼지막한 이 시계는 조종사가 그리니치 시각을 읽음으로써 비행 중에 수행해야 하는 중요한 계산 과정 하나를 건너뛸 수 있게 해준다. 그런 계산을 재빠르고 정확하게 수행하는 능력에 생사가 달려 있던 시대에 전체 과정을 단순하게 통합시킨 방식은 획기적인 것이었다. 워싱턴 D.C.에 소재한 스미소니언 박물관의 시간과 항해술관에 소장되어 있는 이 놀라운 시계는 비행이나 항해에 나선 초기 탐험가들에게 기능성 시계가 가장 중요한 계측기 중 하나였다는 사실을 떠올리게 해준다.

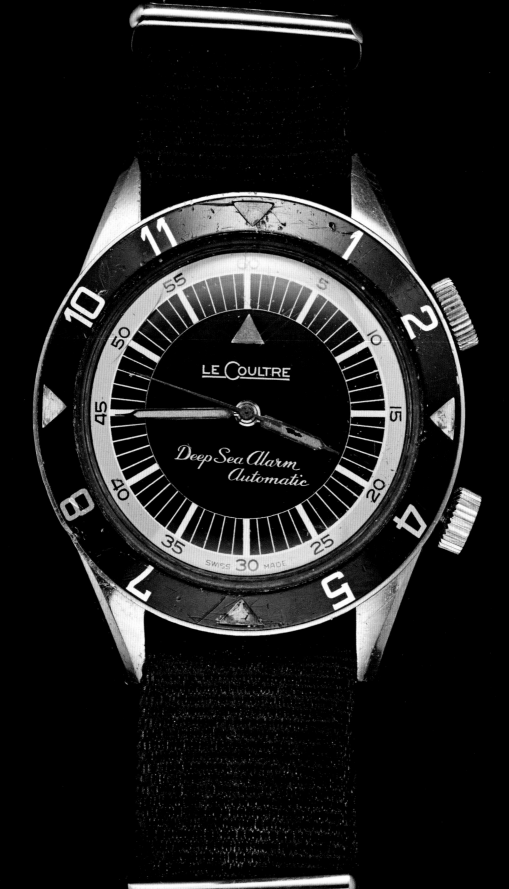

에릭 쿠
ERIC KU

빈티지 시계상

예거 르쿨트르 딥 씨 알람
JAEGER_LECOULTRE DEEP SEA ALARM

나는 언제나 기계 장치에 매료되었던 사람이다. 어린 시절, 아버지에게는 두어 개의 롤렉스 시계가 있었는데, 나는 그 시계들을 매일같이 들여다보고 갖고 놀았다. 우리 집은 매달 지역 보석상으로부터 아주 훌륭한 컬러 카탈로그를 배달받았다. 나는 거기에 실린 보석들에는 관심이 없었다. 카탈로그의 마지막 두 페이지에는 당시 '중고' 시계라고 부르던 제품이 실려 있었는데, 그 안에는 항상 빈티지 시계도 일부 포함되어 있었다. 나는 그 시계들이 보고 싶어서 카탈로그가 배달되기만을 손꼽아 기다렸다.

시계를 수집하던 초기, 그러니까 내가 아직 시계 사업에 대해서 최대한 많이 배우려고 애쓰던 시절, 시계 전시회에서 예거 르쿨트르 딥 씨 알람을 구매하라는 제안을 받았다. 박스와 설명서 등이 모두 갖춰진 제품이었다. 시계 판매자는 이 시계와 관련된 정보를 알아내지는 못했지만, 폴라리스Polaris 시계와 비슷하고 알람 기능이 들어가 있으니 무척 특별한 시계 같다면서 나더러 꼭 사두라고 한 것이다. 당시만 해도 나는 안목이 좁았던 데다가 4~5000달러(우리 돈 약 50~60만원 정도 - 옮긴이) 정도였던 가격이 부담스러웠다. 나는 그 시계가 정말 멋진 시계라고 생각하기는 했지만 예거 르쿨트르라는 브랜드에 대해서는 아무것도 모르고 있어서 구입하지는 않았다. 2년 뒤, 나는 유럽 쪽 웹사이트에 그 시계에 대한 정보를 수소문했고, 시세가 약 1만 5000달러(우리 돈 약 1800만 원 - 옮긴이)라는 사실을 알게 되었다. 좋은 기회를 완전히 날려버렸던 것이다.

그렇게 세월이 흘렀고, 나는 시계와 관련된 지식을 계속해서 쌓아갔다. 나는 항상 이 시계의 미학, 다시 말해서 문자반에 적혀 있는 '딥 씨 알람'이라는 문구와 1950년대 풍이 느껴지는 전체적인 분위기가 참 좋았다. 그러던 2년 전 어느 날, 이 시계가 페이스북 빈티지 시계 포럼에 다음과 같은 글귀와 함께 등장했다. "여러분, 이 시계를 중고물품 매장 굿윌

"시계는 내가 어떤
사람인지를 드러내는
아주 개인적인
물건이다."

—에릭 쿠

GoodWill에서 5.99달러에 샀어요. 정말 희귀한 시계 같은데 어떻게 생각하시나요?"

다들 그 글을 헛소리나 만우절 농담 정도로 치부했다. 하지만 나는 게시물 작성자에게 메시지를 보내 그 시계를 구매할 의향이 있다고 말했다. 우리는 협상을 진행했다. 나는 그에게 비행기를 타고 애리조나에서 샌프란시스코로 와달라고 했고, 그와 하루를 함께 보낸 뒤 호텔을 잡아 줬다. 그렇게 그는 나에게 시계를 팔았다. 무려 3만 5000달러에.

되돌아보면 내가 지불한 값은… 수집가들이나 치를 만한 아주아주 비싼 가격이었다. 하지만 시계에 얽혀 있는 이야기가 정말 매력적이었기 때문에 내가 보기에 이 시계는 정말 남다르게 느껴졌다. 내게 시계를 판 사람은 이 시계를 피닉스에 있는 굿윌 매장에서 샀고, 나는 다시 그에게서 구입했다. 이 사연은 〈호딩키〉에 게시된 뒤로 많은 사람들에게로 퍼져 나갔다. 처음에는 CNN 홈페이지의 1면 기사에 오르더니 그 후 지역 뉴스와 전국 뉴스를 넘어 갖가지 아침 방송에도 등장하게 되었다. 믿기 어려운 일이었다.

시계는 내가 어떤 사람인지를 드러내는 아주 개인적인 물건이다. 그리고 시계에 얼마를 지불할지는 전적으로 그 시계의 가치를 얼마로 보느냐에 달려 있다. 아마도 딥 씨 알람은 1950년대와 60년대에 100달러 정도에 팔렸을 텐데, 그 정도면 적지 않은 가격이기는 하다. 하지만 그렇다고 아주 비싼 것도 아니다. 그랬던 시계가 요즘 들어 값이 50~100배 넘게 뛴 것을 보면 요상한 일 같기도 하다. 하지만 이 시계는 모든 걸 간단명료하게 보여준다. 누군가가 처음에는 이 시계를 아주 좋아하다가 시간이 흐르면서 흥미를 잃고 말았다. 나는 이 시계를 보자마자 웃돈을 얹어서라도 꼭 사야 한다는 걸 알아차렸고 그 생각을 행동으로 옮겼다. 이런 식의 가치 판단에 따르면 누군가는 정말로 이 시계를 5.99달러짜리라고 여겼을 거라 생각한다.

오메가 스피드마스터
알래스카 프로젝트 프로토타입

제임스 H. 레이건
JAMES H. RAGAN

전前 나사 항공우주 공학자

오메가 스피드마스터 문워치
OMEGA SPEEDMASTER MOONWATCHES

나는 제미니 계획Gemini(1964년부터 1966년까지 미국에서 실시한 2인승 우주선 발사 계획 – 옮긴이)이 시작된 이후에 나사에 입사했다. 당시 손목시계는 내가 비행 장비용으로 테스트하고 조달하는 수많은 제품 중 하나일 뿐이었다. 우주비행사는 모두 어떤 사건이나 실험에 대비해 시간 측정용 손목시계를 착용해야 한다. 중요한 상황일 때는 통제실에서도 시간을 측정하지만, 예를 들어 우주비행사가 달 표면에 나와 있는 상태에서 통제실과 교신이 끊기는 상황 같은 때를 대비해 손목시계를 착용하는 것이다. 그렇지 않으면 우주복에 남아 있는 산소가 바닥나는 시간을 알 수 없기 때문이다.

정부기관은 무턱대고 장비를 구경하고 구매하지 않는다. 정당한 이유로 독점 공급을 받는 상황이 아닌 한, 정부의 조달 사업은 입찰을 거치게되어 있다.

우리에게 납품하는 회사는 네 곳이었다. 그중 한 곳은 곧바로 탈락했다. 우리가 요청한 건 손목시계였는데 올림픽에서 사용하는 타이머 같은 시계를 보내왔기 때문이다. 그래서 우리는 나머지 세 회사로부터 세 가지 시계를 구매했다. 내게는 우주비행사용 한 세트, 테스트용 한 세트, 만일의 상황에 대비한 비상용 한 세트가 필요했다.

나는 갖가지 테스트를 실시했는데, 그 과정을 모두 성공적으로 통과한 건 오메가 시계 하나뿐이었다. 그 당시 나는 머큐리 계획 때 사용한 시계가 오메가 시계라는 사실을 몰랐는데, 그 시계들은 두 우주비행사 월리 쉬라Wally Schirra와 고르도 쿠퍼Gordo Cooper가 개인적으로 구매한 제품이었다. 두 시계가 같은 브랜드였다는 건 순전히 우연의 일치였다.

나사는 스카이랩 계획과 아폴로-소유즈 계획을 진행하는 동안, 달에 착륙할 때마다 스피드마스터 시계를 사용했다. 몇몇 기능이 개선된 점(비대칭형 케이스, 그리고 시계 용두와 푸시 버튼을 보호해주는 매우 중요한 장치를 통해 해당 부품이 구부러지는 것을 막아 매번 시계를 교체할 필요가 없어 졌다)을 제외하면 완전히 똑같은 시계였다. 이렇게 몇 가지 기능이 개선 된 시계가 오늘날 우리가 알고 있는 스피드마스터 프로페셔널 문워치다. 이후 이 시계에 달린 푸시 버튼은 다시는 구부러지지 않았다.

아폴로 13호의 사령선에 전력이 완전히 끊겼던 순간은 나사가 오메가 스피드마스터 프로페셔널 시계의 덕을 톡톡히 본 대표적인 사례다. 우주 비행사들이 지구로 무사히 귀환하기 위한 필수 연소 시간을 측정할 수 있는 유일한 도구는 그들이 차고 있던 오메가 스피드마스터뿐이었기 때 문이다. 가장 중요한 건 마지막 연소 시간이었고, 그 시간은 정확히 14초 여야 했다. 오메가 시계는 정확했고, 그 이후의 일은 역사가 되었다.

오메가 시계를 처음 구매하기 시작한 이후로 아폴로 계획이 끝날 때 까지 나는 총 96점의 오메가 시계를 구매했다. 그중 몇몇은 케네디 우주 센터가 위치한 케이프 커내버럴에서 불탔고, 몇몇은 비행기 사고로 잃거 나 도난당했으며, 한두 개는 수상스키를 타던 친구들이 강물에 빠뜨렸 다. 그렇지만 나는 역사가 서려 있는 시계는 모두 챙겨서 다른 곳에 보관 해두었다. 내가 기억하기로 그런 시계는 총 44점이다. 나는 생각했다. "그 래, 애들은 스미소니언 박물관이 원한다면, 그쪽으로 보내줘야 해."

그런데 스미소니언 박물관이 처음에는 거부 의사를 보이는 게 아닌 가! 내가 말했다. "무슨 소리예요. 나는 달 주변을 돌다가 온 시계를 모조 리 모아놨다고요. 그중에는 제미니 계획 때 사용하던 시계도 있어요." 나 는 박물관에 시계 목록을 보냈고 그들은 내 제안을 재검토했다. 나는 내 가 그런 노력을 기울였다는 사실이 기쁘다. 그렇지 않았다면 박물관이 재검토를 하지 않았을 것이기 때문이다.

오메가 스피드마스터 알래스카 프로젝트 프로토타입(뒷면)

제임스 레이건은 이 미래지향적인 시계의 개발진이기도 했다. 우주에서 완벽하게 작동하는 시계를 만들고자 했던 해당 프로젝트는 산업 스파이 활동을 차단하기 위해 암호명 '알래스카'로 명명되었다. 이 시계는 우주의 혹독한 조건에 맞서 3중 보호 장치를 갖추는 것을 목표로 삼았으며, 극한의 온도에도 견디도록 유광 티타늄을 사용했다. 달 표면에서 마주칠 극한의 온도에 훨씬 더 잘 견디도록 신기술이 적용된 금속 합금과 윤활유로 무브먼트를 특별하게 다시 제작했고, 여과되지 않은 태양광선으로부터 열을 흡수하지 않도록 은백색 문자반을 채용했으며, 산화 피막을 입힌 붉은색 알루미늄 외부 케이스를 달아서 시계를 '우주용'으로 거듭나게 했다.

이 알래스카 시계는 역사적으로 의미가 있으면서도 특이한 시계로 남아 있다. 이 시계를 사용하기로 했던 아폴로 계획이 1970년대에 취소되면서 애초에 목표로 삼았던 환경에서 성능을 입증할 기회를 영영 얻지 못했기 때문이다.

오메가
수장고 이야기

오메가는 비밀 장소나 보안 절차, 망막 스캔을 거칠 필요 없이 수장고에 있던 시계를 내게 직접 가지고 와준 브랜드 중 하나였다. 오메가에서 일하는 내 친구 페트로스가 내게 전화를 걸어오더니 보고 싶은 시계가 뭐냐고 물었고, 다음번 출장길에 뉴욕에 들렀을 때 아무런 언질도 없이 엄청나게 비싼 오메가 빈티지 시계를 직접 가지고 왔다. 누구든 나사가 초기 우주 계획에 공식적으로 사용한 시계를 만나는 엄청난 기회를 누린다면, 그 이야기를 여기저기에 알리고 싶을 것이다.

우리는 2세대 오메가 스피드마스터 레퍼런스 CK2998을 사진으로 촬영하는 믿기 어려운 기회를 얻었다. 이 시계는 머큐리 계획의 일곱 비행사 중 한 명인 월터 '월리' 쉬라가 개인적으로 착용했던 시계다. 그는 이 시계를 머큐리-아틀라스 8호(시그마 7호) 임무를 수행했을 때 착용했으며, 이로써 이 시계는 우주에서 사용한 첫 번째 시계가 되었다. 이때는 아직 나사가 특정 시계 브랜드와 공식적으로 협업을 실시하기 이전이며, 쉬라와 르로이 고든 '고르도' 쿠퍼는 스피드마스터를 우주 비행을 위한 시계로 쓰기 위해 직접 구입했다.

이뿐만 아니라 우리는 존 F. 케네디가 대통령 취임식에서 착용한 시계를 촬영하는 믿기 힘든 기회도 누렸다. 그건 모두 오메가가 이 책에 사진을 담을 수 있도록 수장고에서 그 시계를 가져온 덕분이었다.

월리 쉬라의
오메가 스피드마스터
레퍼런스 CK2998

**존 F. 케네디가 취임식에서 착용한
오메가 시계**

두께가 아주 얇고 옐로우 골드 빛이 감도는
이 시계에는 "미국 대통령 존 F. 케네디에
게 친구 그랜트가"라는 평범해 보이는 문구
가 새겨져 있다. 하지만 이 시계는 케네디의
친구이자 후원자인 그랜트 스톡데일Grant
Stockdale이 케네디가 아직 메사추세츠 주
상원의원이던 1960년에 선물한 수동식 탱
크 워치(정통적인 스타일의 네모난 시계 - 옮긴
이)다. 이듬해 케네디는 제 35대 미국 대통
령 취임식에서 이 시계를 착용했다. 케네디
는 스톡데일을 아일랜드 대사로 임명했고,
1962년에는 스톡데일에게 편지를 한 통 보
냈다. 그 편지는 "아일랜드는 이맘때 무척
아름답겠군"으로 시작해서 "자네가 궁금
해할까봐 하는 말일세만 요즘 나는 스톡데
일 시계를 다시 차고 있다네"로 끝난다.

알레산드로 스쿠아르치

ALESSANDRO SQUARZI

패션 사업가

1958 롤렉스 서브마리너 레퍼런스 5508

1958 ROLEX SUBMARINER REFERENCE 5508

아버지는 열여덟 살이던 내게 이 시계를 물려주셨다. 내가 하나를 받았고, 형도 하나 받았다. 나는 빈티지 롤렉스 시계 중에서 특히 스포츠 모델을 수집하는데, 내 손에 들어온 첫 번째 시계가 바로 이 시계였다. 어렸을 때 아버지가 이 시계를 차고 계시던 모습이 아직도 기억나지만, 이 시계는 지금 봐도 무척 세련되어 보인다. 서브마리너는 역사상 가장 성공한 모델 중 하나다. 제 아무리 많은 돈을 준다고 해도 이 시계만큼은 팔지 않을 것이다. 이 시계는 값을 매길 수 없는 시계이기 때문이다.

가브리엘 바셰트

GABRIEL VACHETTE

〈레스 라빌리어Les Rhabilleurs〉(시계 전문 온라인 매거진 – 옮긴이) 설립자

유니버셜 제네브 콤팍스
UNIVERSAL GENÈVE COMPAX

이 시계는 내 할아버지가 갖고 계시던 것이다. 할아버지는 20년 전쯤 이 시계를 아버지에게 물려주셨다. 아버지는 물품 수집을 좋아하고, 특히 그림이나 조각품 모으는 걸 좋아하신다. 뭐든 빠져든 대상이 있으면 수집을 하신다. 하지만 당시만 해도 시계에 대해서는 아무것도 모르셨다.

아버지가 이 시계를 물려받았을 때는 시계가 파손되어 있었다. 그래서 동네 시계공을 찾아갔는데, 그 사람이 이런 말을 했다고 한다. "이건 수리비가 제법 들 거예요. 1000프랑(우리 돈 약 20만 원 – 옮긴이) 정도는 생각하셔야 해요." 깜짝 놀란 아버지는 수리비가 왜 그리 비싸냐고 물으셨다. 수리공이 대답했다. "아버님이 물려주신 게 어떤 물건인지는 아세요?"

수리공이 복잡한 무브먼트를 보여주기 위해 조그마한 시계의 후면부를 열자 아주 놀라운 광경이 드러났다. 그 순간, 아버지는 나이 오십에 손목시계와 사랑에 빠지셨다.

당시 열다섯 살쯤이었던 나는 아버지가 새로운 취미에 빠져 시계를 수집해나가는 모습을 보게 되었다. 그즈음에는 나도 시계에 대해서 조금은 알고 있을 때였지만(나는 제임스 본드 때문에 오메가 씨마스터Seamaster가 갖고 싶었다.) 내가 정말로 시계와 사랑에 빠지게 된 건 아버지가 구매한 시계 이야기를 들으면서부터였다. 스물다섯 살에 파리에서 일하고 있던 나는 시계 제작과 관련된 내용보다는 일상생활에 초점을 맞춘 시계 블로그를 개설하기로 마음먹었다. 〈레스 라빌리어〉는 그렇게 탄생하게 되었다.

요즘 아버지는 내게 전화를 걸어올 때마다 시계 이야기를 하신다. "아들아, 잘 지내니. 내가 아주 멋진 시계를 찾아냈는데 말이다, 그게 이렇고 저렇더구나. 그래, 잘 지내거라."

아버지는 시계를 사고파는 걸 가장 좋아하신다. 하지만 우리는 이 시계만큼은 절대로 매물로 내놓지 않을 것이다. 이 시계는 우리 가족 곁에 영원히 머물 것이다.

와타나베 켄타
KENTA WATANABE

부아이소 인디고 스튜디오Buaisou Indigo Studio 공동 설립자

인디고로 염색한 카시오 지쇼크

나는 인디고 염색가이자 농부다. 내 손과 팔에는 날마다 인디고 염료가 스며든다. 이 지쇼크는 원래 하얀색이었다. 카시오 홍보 담당인 내 친구가 하루는 시계를 내밀면서, 시계가 인디고 염료에 반복해서 담기면 어떤 일이 일어나는지 궁금해했다. 지쇼크는 튼튼하고 방수가 잘 된다. 2년이 지나자, 시계는 이렇게 놀라운 인디고 빛으로 변했다. 기존 색상보다 훨씬 더 보기 좋았다!

지쇼크를 착용하는 몇몇 사람이 내 시계를 알아보고는 자기 시계도 염색을 해달라며 보내와서, 우리는 고객들에게 보여줄 견본 제품을 몇 개 제작했다.

고객들에게도 하는 말이지만, 시계를 깨끗한 물로 충분히 세척하면 플라스틱에 묻은 인디고 염료가 씻겨나가면서 다시 하얀색이 된다.

해밀턴 파월
HAMILTON POWELL

크라운 앤드 캘리버Crown & Caliber 설립자 겸 대표

아베크롬비 앤드 피치 씨페어러
ABERCOMBIE & FITCH SEAFARER

이 씨페어러 시계는 초침이 돌아간다는 면에서 현존하는 대다수 손목 시계와는 다르다. 나는 이제껏 씨페어러라고 불리는 다른 시계의 초침이 돌아가는 모습을 한 번도 본 적이 없다. 초침이 왜 달려 있는지에 대해서는 의견이 분분하다. 누군가는 이 시계의 옛 주인이 시계의 태엽이 감겨 있는지 바로바로 확인하고 싶어서 시계공에게 부탁해 초침을 넣었다고 생각했다. 또 누군가는 이 시계가 어떤 모델의 시제품이었을지도 모른다고 생각했다.

이 시계는 호이어가 아베크롬비 앤드 피치를 위해 제작한 것이다. 아베크롬비 앤드 피치는 남성 모델이 상의를 벗고 있는 브랜드로 알려지기 전부터 아웃도어 의류를 멋지게 만들어내는 회사였다. 에베레스트 산을 등반하거나 로키 산맥에서 한 달을 보내려는 사람은 아베크롬비 앤드 피치에 가서 복장을 갖췄다. 정말로 그랬다.

하지만 내가 이 시계에서 가장 마음에 드는 것은 시계가 각기 다른 두 남자에 대한 이야기를 들려준다는 점이다. 원래 이 시계는 야외에서 활동하는 남자들을 위해 제작되었기 때문에 항해나 낚시를 위한 물때를 측정할 수 있다. 광고에도 낚시나 기타 야외 활동을 즐기는 남성이 등장한다. 그렇지만 이 시계는 아름다운 시계를 차고 싶어 하는 남성들, 집으로 돌아와 긴 장화를 벗어놓고 턱시도를 차려입고자 하는 사람들을 위한 제품이기도 하다. 이 시계는 이런 상황에도 잘 어울리도록 디자인되었다. 그래서 멋진 외관에 아름다운 케이스를 갖췄으며, 와이셔츠 소맷부리에도 알맞게 들어간다.

대학교 졸업 후 내 첫 직장은 사냥 가이드였다. 지금 나는 고급 시계를 다루는 회사의 대표다. 나는 두 가지 역할을 모두 아주 훌륭하게 수행해내지만 어느 한쪽에 너무 오래 머물러 있으면 다른 한쪽이 자꾸만 생각나기 때문에 그러고 있는 걸 좋아하지 않는다. 그래서 두 가지 역할 사이

에서 균형을 이루려고 한다. 그런 내게 이 시계는 안성맞춤이다.

　　더불어 나는 이 시계가 수동식이라는 점도 마음에 든다. 나는 우리 인생이 짧다고 생각한다. 50년이든 100년이든 길게 보면 눈 깜짝할 사이다. 그리고 그런 시간을 활용하는 건 오롯이 우리의 몫이다. 회사를 경영하다 보면 시간이 빠르게 흐른다. 집에서 세 아이와 함께 지낼 때는 시간이 더욱 빨리 흐른다. 그래서 잠시 짬을 내어 20초 동안 시계태엽을 감는 시간은 내게 주어진 시간을 어떻게 쓸지, 오늘 하루를 어떻게 보낼지를 스스로에게 물으며 삶의 목표를 되새기는 기회가 된다. 그렇게 스스로에게 짤막한 시간을 내어줌으로써 자기 자신을 되돌아보게 되는 것이다.　　.

"그래서 잠시 짬을 내어 20초 동안 시계태엽을 감는 시간은 내게 주어진 시간을 어떻게 쓸지, 오늘 하루를 어떻게 보낼지를 스스로에게 물으며 삶의 목표를 되새기는 기회가 된다."

—해밀턴 파월

조시 콘돈
JOSH CONDON
작가 겸 편집자

모바도 문페이즈
MOVADO MOON PHASE

우리 가족은 시계에는 그다지 관심이 없지만 물건을 물려주는 일은 중요하게 생각한다. 예전부터 나는 조부모님과 증조부모님, 그리고 여러 친척들로부터 재미있는 물건을 여럿 물려받았다. 할아버지로부터는 지방시 턱시도, 오래된 몽블랑 만년필, 짝이 맞지 않는 커프스단추, 무게가 5킬로쯤 되고 제1차 세계대전 때 입었음직한 멋진 감색 모직 피코트(길이가 짧고 스포티한 코트 – 옮긴이)를 물려받았다. 자식들에게 물건 물려주기를 좋아하셨던 아버지도 우리가 아버지의 셔츠를 보고 마음에 든다는 말을 하면 나중에 물려주셨다. 물건을 물려주면서 특별한 의식 같은 것을 치르지는 않았고, 이야깃거리가 그리 많지도 않다. 아버지는 그저 크리비지 카드 게임판 같은 것을 내밀면서 이렇게 말씀하셨다. "이거 멋지지 않니? 원래는 네 할아버지가 갖고 계시던 거야. 네가 받아두렴."

아버지는 시계를 몇 개 갖고 계셨고 개중에는 비싼 제품도 있었다. 하지만 시계에 큰 관심을 두지는 않으셨다. 몇 년 전 매사추세츠 고향 집에 가서 아버지를 뵈었을 때, 아버지는 이베이에서 구매하셨다는 이 작고 우아한 모바도 시계에 대해 계속해서 이야기하셨다. 크기가 29mm 정도로 무척 작은 걸 보면 여성용 시계가 틀림없다. 날짜와 요일이 표시되는 보조 문자반에는 초침도 달려 있는데, 초침 문자반은 문페이즈(달의 위상 변화를 보여주는 기능 – 옮긴이) 기능도 겸한다. 이 시계는 배터리로 작동하는 도금 시계로, 수집가들의 눈길을 사로잡을 만한 물건은 아니지만 아버지는 이 시계와 사랑에 빠지셨다.

나는 잡지에 시계와 관련된 글을 쓰고 시계와 관련된 글을 많이 읽으면서, 특정 분야에 파고들어 얄팍한 지식을 쌓은 사람들이 흔히 그렇듯 약간 속물처럼 굴었다. 모바도 시계가 늘 마음에 들었지만, 수집가들의 세계에서 인정받지 못한다는 점 때문에 이 시계를 높이 평가하지 않았다. 그런데 2년 전, 내 36번째 생일에 아버지가 내게 당신의 시계를 물려

"이 시계를 바라볼
때마다 늘 가족이
떠오른다. 이 세상에
있는 그 어떤 시계도
그런 마법을 부리지는
못한다."

—조시 콘돈

주셨다. 손목에 차고 있던 걸 풀어서 주신 건 아니었지만 아버지가 차고 다니신 것과 완전히 똑같은 모델이었다. 아버지는 자신의 시계를 산 뒤로 똑같은 시계를 계속해서 찾아보셨다고 한다. 아버지는 2년 동안 똑같은 시계를 세 개 더 구하시고는 깨끗하게 세척한 뒤 수리하고 시곗바늘을 교체한 다음 나와 두 남동생에게 하나씩 전해 주셨다. 아버지는 생일, 취업, 주택 구입과 같은 특별한 일이 생겼을 때 그 시계를 우리에게 선물로 주셨다. 그래서 우리 집안 남자들은 모두 똑같은 시계를 차고 있다.

우리 가족은 모두 매사추세츠에 살고 있으며, 나는 반평생 넘게 가족과 떨어져 캘리포니아, 미시간, 뉴욕에서 살았다. 그리고 나를 잘 드러내 주는 시계가 어떤 브랜드의 어떤 제품인지를 두고 고민하고 있던 바로 그때, 아버지께서 나 대신 결정을 내려주신 것이다. 이 시계는 당시 중간급 브랜드에 속하는 비기계식 제품으로 이베이에서 100~200달러 정도 가격이었다. 그 후로 내가 이 시계를 풀어놓는 일은 거의 없다. 이 시계를 바라볼 때마다 늘 가족이 떠오른다. 이 세상에 있는 그 어떤 시계도 그런 마법을 부리지는 못한다.

토르넥 레이빌 TR-900Tornek Rayville TR-900

이 다이브 워치는 여러 수집가들이 열광하는 대표적인 군용 시계이며, 그 자체로 가장 희귀하고 인기 있는 시계 중 하나이다.

최초 디자인은 1960년대 초에 제작한 블랑팡 피프티 패덤스Blancpain Fifty Fathoms인데, 원래 1950년대 초 프랑스 해군 잠수부들을 위해 개발한 모델이며 사람들은 이 시계를 롤렉스 서브마리너보다 먼저 만들어진 최초의 다이브 워치로 여긴다. 당시 미국은 '국산품 구매' 정책을 강력하게 시행하고 있었고, 그 탓에 스위스 회사인 블랑팡으로부터 기술력이 앞서 있는 시계를 구매할 수 없었다. 그래서 미국인 사업가 앨런 V. 토르넥Allen V. Tornek은 자신이 미국에서 운영하는 레이빌이라는 회사를 통해 이 시계를 수입한 다음 피프티 패덤스라는 새로운 이름을 붙여서 되팔았다.

토르넥 레이빌 모델은 1,000여 점이 제작되었지만 미 해군의 원자력 폐기물 처리법에 의해 나중에 거의 모두 파기가 되면서(발광성을 위해 시계 문자반에 라듐 페인트를 썼다) 무척 희귀해졌다. 옆에 실린 시계는 미 해병대 병장 모리스 자크Maurice Jacques에게 지급된 물품이다. 그는 특수 수색대 포스 리컨Force Recon 소속으로 6년간의 베트남전을 거쳐 해병 5연대 주임 원사로 퇴역할 때까지 이 시계를 착용했다. 그는 30년 동안 나라를 위해 봉사하며 동성훈장(미군에게 수여하는 공로 훈장 - 옮긴이) 두 개와 퍼플 하트 훈장(군사 작전으로 죽거나 부상당한 미군에게 수여하는 훈장 - 옮긴이) 하나를 받았다.

제프리 헤스
GEOFFREY HESS

아날로그/시프트 대표

롤렉스 이글 비크 트로피컬 서브마리너 레퍼런스 5512
ROLEX EAGLE BEAK TROPICAL SUBMARINER REFERENCE 5512

가족으로부터 중요한 의미가 있는 시계를 물려받은 적은 없다. 나는 그저 이 독특한 장난감을 갖고 노는 걸 좋아하던 평범한 사람이다. 그러나 의심의 여지없이 내 안의 열정을 지속시키는 건 시계 자체라기보다는 시계를 통해 맺은 인연들이다. 나는 오랫동안 시계라는 취미를 통해 사람들을 만나왔기에 전 세계 주요 도시 중에서 내게 잠자리 하나 내어주지 않을 곳은 한 곳도 없다고 생각한다. 나는 아내도 시계 덕분에 만났다.

나는 빈티지 롤렉스 시계를 무척 좋아한다. 전 세계에서 모여드는 시계 수집가 모임에 참석하기 위해 매년 한두 차례 유럽에 가기도 한다. 그 특별한 사람들을 만나기 위해 유럽에 가려고 조그만 메신저 백에 평생토록 열정을 쏟아부은 것들(어떻게 보면 내 정체성)을 담아 비행기에 오르는 일은 내게 아주 커다란 의미가 있다. 우리는 서로 형제처럼 얼싸안는다. 그러고 나서 이틀 후, 나는 다시 비행기에 올라 집으로 돌아온다.

시계는 남자로 하여금 아주 자잘한 것들을 새벽까지 세세히 살펴보게 만드는 보기 드문 취미 활동이다. 나는 그걸 롤렉스 서브마리너를 통해 설명해보고 싶다. 빈티지 시계의 세계에서는 "모든 면에서 만족스럽다It ticks all the boxes"(직역하면 체크박스에 모두 체크 표시가 되었다는 뜻이다 - 옮긴이)는 표현을 자주 듣게 된다. 이 시계는 여러 요소가 하나로 어우러졌다는 면에서 특별하다. 첫 번째로 체크 표시가 된 요소는 문자반이다. 이 시계의 문자반은 '트로피컬' 색상이다. 사람들은 시간의 흐름에 따라 검은색 문자반이 이렇게 구릿빛에 카라멜과 크림빛이 감도는 아름다운 트로피컬 색조로 변하는 걸 좋아한다. 두 번째 요소는 모든 것이 조화를 이룬다는 점이다. 문자반과 시곗바늘과 베젤에 박힌 진주에서 나오는 광채가 완벽하게 조화를 이루는 모습에서 우리는 이것이 모두 함께 태어났다는 걸 알 수 있다. 세 번째는, 어쩌면 가장 흥미로운 지점일지도 모르는데, 용두를 보호하는 크라운 가드의 형태와 관련이 있다. 이 시계에 쓰인 크라운 가드는 독수리가 입을 벌린 모양과 비슷하다고 해서 독수리 부리라는 뜻의 '이글 비크eagle beak'라고 불린다. 이글 비크는 잠깐 동안만 쓰였기 때문에 독수리 부리 모양의 크라운 가드는 1959년에 생산된 제품에서만 나타난다. 그래서 네 번째로 체크 표시가 된 요소는 바로 이 시계가 희귀하다는 점이다.

사람들은 빈티지 롤렉스 시계를 사랑하는 사람들이 디테일을 하나도 놓치지 않고 살펴보는 태도 때문에 빈티지 롤렉스 시계의 세계를 놀림거리로 삼기도 한다. 하지만 우리는 지나간 시대를 되돌아보며 그 안에 깃들어 있는 뭔가를 기리고 있는 것이다. 그렇지 않았다면 우리는 모두 정확성이나 내구성, 기술력이 더 뛰어난 최신 시계를 구매했을 것이다. 하지만 빈티지 롤렉스 시계의 세계는 어느 정도는 과학적이다. 우리 수집가들은 항상 루페(보석상이나 시계공이 사용하는 소형 확대경 – 옮긴이)를 들고 다니면서 색상과 서체의 삐침이나 롤렉스 왕관 모양의 인쇄 방식을 살펴본다. 이건 성인 남성들의 과학이다. 올해 마흔일곱 살인 나는 시계와 사랑에 빠져들기 전까지는 열정이라는 단어의 뜻을 제대로 이해하지 못했다.

"시계는 남자로 하여금
아주 자잘한 것들을
새벽까지 세세히
살펴보게 만드는
보기 드문 취미
활동이다."

—제프리 헤스

마이클 프리드먼

MICHAEL FRIEDMAN

오데마 피게 소속 역사가

1938 오데마 피게

1938 AUDEMARS PIGUET

2003년, 내가 뉴욕에 있는 크리스티 경매 회사의 시계 부서장을 맡고 있었을 때, 이 시계가 마지막 경매에 나왔다. 나와 대화를 나누던 시계 수집가 겸 판매자는 자기가 재미있는 오데마 피게 시계 하나를 판매할 예정이라고 말했고, 나는 그 시계를 직접 보는 순간 "정말 멋진 시계다"라고 생각했다. 나는 오데마 피게 박물관의 책임자인 마르탱 베얼리Martin Wehrli와 연락을 주고받는 사이였는데, 그가 수장고에서 이 시계가 1939년에 뉴욕에서 열린 만국박람회에 전시되었다는 사실을 알려준 덕분에 그 내용을 경매 카탈로그에 실었다.

내 아버지는 경매 카탈로그에서 그 글을 읽으셨다. 뉴요커이자 베이비부머인 아버지는 과학과 문화를 넘나드는 것들에 관심이 많으셔서 만국박람회를 좋아하셨다. 만국박람회는 기술 박람회나 무역 박람회가 생기기 전까지 기술과 미래를 넘나드는 모든 것을 한 자리에서 접하는 행사였다. 아버지가 내게 물으셨다. "우리가 수집을 고려해볼 만한 시계니?" 내가 대답했다. "물론이죠."

나는 시계를 만드는 기계학이 아니라 문화적 연구를 통해 시계 분야에 발을 들였다. 그것은 시간이라는 개념이 시대와 문화, 그리고 수십 억 년 전부터 수십 억 년 후까지 계속해서 일어날 천문학적 사건에 따라 어떻게 달리 나뉠 수 있는지에 대한 연구였다. 과학과 기술, 그리고 인간이 발전해온 전체 역사는 시간을 측정하는 방식에 뿌리를 두고 있다.

이런 생각은 일정 부분 아버지에게서 비롯되었다. 아버지는 과학적으로 사고하는 분이셨고, 원래는 과학 선생님이었지만 가족들 뒷바라지를 더 잘하고 싶어서 금융계로 이직하셨다. 아버지는 과학과 교직과 나눔에 늘 열정을 품고 계셨지만 금융계에서는 늘 이방인이셨다. 아버지가 집 주변에 쌍안경을 비치해두고 우리 형제들에게 나무 위를 가만히 살펴보라고 권하시던 게 기억난다. 그건 눈앞에 있는 영역 너머에 대해서 탐구하

"이 시계는 아버지와
내가 문화, 기술,
디자인을 넘나드는
것들에 대해 함께
갖고 있는 애정을
고스란히 보여준다."

—마이클 프리드먼

고 생각해보라는 뜻이었다. 텔레비전을 볼 때도 아버지는 그 자리에 함께 앉아서 텔레비전의 작동 원리를 이야기해주셨다. 무엇보다 아버지는 우리가 사는 동안 하고자 하는 일을 아주 잘할 수 있게 해주고자 헌신하셨고, 덕분에 우리는 스스로의 열정을 좇을 수 있는 기회를 얻었다. 아버지가 그렇게 할 수 없었던 대가로 말이다.

이 시계는 내가 다른 길로 들어서려고 할 때 내가 준비하는 마지막 경매에 나왔고, 아버지와 함께 평생토록 잊지 못할 순간을 누리게 해줬기 때문에 내게는 남다른 의미가 있다. 이 시계는 아버지와 내가 문화, 기술, 디자인을 넘나드는 것들에 대해 함께 갖고 있는 애정을 고스란히 보여준다.

톰 삭스
TOM SACHS
조각가

카시오 '뉴 베드포드'(커스터마이즈드 지쇼크 DW-5600)
'NEW BEDFORD'(CUSTOMIZED CASIO G-SHOCK DW-5600)

지쇼크는 어린 시절에 늘 갖고 싶은 시계였지만 값이 너무 비쌌다. 디지털시계의 세계에서 지쇼크는 고품격을 상징한다. 그래서 나는 저렴한 디지털시계를 사고는 거기에 접착제로 금속 틀을 붙여서 나만의 시계를 만들곤 했다.

지쇼크는 놀랍도록 잘 만들어진 시계이다. 내가 보기에 이 시계를 일본인이 만들었다는 사실은 우연의 일치가 아니다. 전통적으로 일본에서는 시계가 사회적 지위를 상징하는 물건이 아니었고, 누군가에게 시계를 선물하는 일은 불길한 행동으로 여겨졌다. 앞으로 살아갈 시간이 얼마나 남았는지를 알려주는 물건을 다른 사람에게 줘서는 안 된다고 생각한 것이다. 그래서 일본인들은 지쇼크를 비롯한 여타 카시오 시계를 만들면서 시계에 대한 기존 인식을 지우고 훨씬 저렴하면서도 누구나 갖고 싶어 하는 시계를 내놓고자 했다.

뉴 베드포드 에디션이 탄생하게 된 건, 내가 에르메스 케이프 코드 Hermès Cape Cod와 같은 이중 시곗줄 시계를 블루칼라blue collar 직종에 어울리는 형태로 만들고자 했기 때문이다. 뉴 베드포드라는 이름은 케이프 코드에서 일하는 노동자들이 실제로 매사추세츠 주 뉴 베드포드에 살고 있다는 점에서 따왔다. 나는 열두어 개쯤 되는 시계를 금방 다 팔았다.

사람들은 자신의 이상향과 관련된 시계를 착용한다. 오메가 스피드마스터를 차고 닐 암스트롱이 되거나, 제임스 본드나 에드먼드 힐러리가 찼던 시계를 차고 제임스 본드나 에드먼드 힐러리가 된다. 아무리 사무실에 매여서 일하는 신세라고 해도 자신의 영웅과 똑같은 시계를 차기만 하면 그들과 똑같은 사람이 된다고 생각한다. 내가 보기에 그건 진짜가 아니다. 나는 우주비행사가 되건 스파이가 되건 등반가가 되건 직업상 주어지는 보상과 더불어 그에 뒤따르는 위험도 모두 감수하는 편을 택하고 싶었다. 극한의 활동을 계속해온 나는 그런 상황에 걸맞은 시계가 필요했다. 그리고 무엇보다 시계가 있어야 시간을 확인할 때마다 아이폰이라는 블랙홀에 빨려 들어가지 않을 수 있다. 보호막을 두른 디지털시계는 그 어떠한 상황에서도 작동이 잘 된다. 예외라면 핵폭발이 일어나 전자기파가 모든 전자기기를 먹통으로 만드는 상황 정도가 있을 것이다. 하지만 그런 상황이 발생한다면, 시계 같은 걸 걱정하고 있을 때가 아니다.

나는 지난 20년 동안 똑같은 시계를 착용해왔다는 사실에 자부심을 느낀다. 그사이 나를 거쳐간 시계는 네 개였지만 내가 선택한 시계는 항상 카시오 지쇼크 DW-5600였다. 나는 시계를 마련할 때마다 시계에 구매 날짜를 새겨 넣는 습관이 생겼다. 지난 20년간 지쇼크는 다양한 형태로 발매되었지만 지금까지도 이 모델이 최고라고 생각한다. 이 모델은 알람 기능이 있고, 형태도 가장 멋지다.

우리 아버지에게는 값비싼 스위스 시계가 하나 있는데, 아버지는 그 시계를 가보로 물려줄 거라고 말씀하신다. 그럴 때 아버지는 그 브랜드의 광고 문구를 인용하신다. "당신은 파텍 필립을 진짜로 소유하고 있는 것이 아닙니다. 다음 세대를 위해 잠시 맡아두고 있을 뿐입니다." 우리는 이토록 진부한 광고 문구가 현실이 됐다며 웃었다. 나는 시계에 어떤 의미가 깃들어 있을 수 있다고 확신하기는 하지만, 4000달러짜리 물건에 소유당하느니 차라리 40달러짜리 물건을 소유하는 편이 낫다고 생각한다.

"나는 지난 20년 동안
똑같은 시계를
착용해왔다는
사실에 자부심을
느낀다."

—톰 삭스

부로바 아큐트론 스페이스뷰

브리 페티스
BRE PETTIS

브리 앤드 코Bre & Co 설립자

부로바 아큐트론 스페이스뷰와 오리가미 워치
BULOVA ACCUTRON SPACEVIEW AND ORIGAMI WATCH

어린 시절에 내가 가장 좋아한 놀이는 스톤헨지처럼 돌로 둥그렇게 원을 만드는 것이었다. 그건 기본적으로 5000년 전에 만들어졌지만 아직도 작동하는 아주 정확한 거석 시계를 모방하려는 시도였다. 스톤헨지에 쓰인 거석은 모두 점성술과 천문학에 따라 배열되어 있어서, 특정한 날에 특정한 위치에 서 있으면 태양이 특정 위치 위로 떠오른다. 그 모습은 한 편의 시와도 같다. 그걸 보고 있으면 우리는 사는 동안 이런 순간을 무수히 보내게 된다는 걸 깨닫게 된다.

원형으로 늘어놓은 돌과 시계를 생각하다 보면, 재미있게도 원형으로 늘어놓은 돌이 시간과 특정 장소를 연결하는 방법과 관련되어 있다는 걸 알게 된다. 태양이 스톤헨지가 있는 바로 이곳에서 가장 높이 떠올랐다면 그때는 정오이지만, 여기서 몇백 킬로미터 떨어진 곳은 시간이 약간 다를 것이다. 그러나 시계는 전 세계가 시간을 두고 맺은 약속을 나타내기 때문에 어느 곳에서든 그곳의 시간이 11시 38분이라면 다른 곳의 시간은 우리 모두가 합의한 시간대에 따라 ○시 38분일 것이다. 그건 가만히 생각해보면 요상하기도 하고 작은 기적 같기도 하다.

내 첫 번째 시계는 부로바 아큐트론 스페이스뷰였다. 할아버지가 아버지에게 물려주셨던 이 시계를, 내가 고등학교를 졸업했을 때 아버지가 다시 내게 물려주셨다. 이 시계는 기계식 무브먼트와 쿼츠 혁명(전자식 시계의 등장 - 옮긴이) 사이의 전환점이 되는 모델로, 완전히 색다른 방식(크기가 0.635센티미터가 채 되지 않고 톱니가 300개 달려 있는 조그만 기어를 300헤르츠짜리 소리굽쇠tuning fork가 미는 방식)으로 작동한다. 이 기어를 제작하기 위해서는 새롭게 설계한 생산 기계가 필요했다. 부로바는 소리굽쇠로 움직이는 기어 구동식 시계의 원리를 처음으로 알아낸 회사다. 이 시계에는 최신식 트랜지스터와 축전기, 저항기가 들어갔고, 그걸로 충분했다. 오차가 하루에 2초일 정도로 시간이 무척 정확했으며, 이 모든

게 집적회로가 등장하기 전인 1960년에 컴퓨터의 도움 없이 이뤄졌다. 부로바는 해당 기술을 아폴로 계획에서도 사용했다.

내가 나만의 시계인 오리가미 워치를 제작하기로 결심했을 때 내 목표는 1960년에 새로운 시간 측정법을 제시한 부로바 아큐트론만큼 혁신적인 시계를 만드는 것이었다. 하지만 오리가미 워치에는 그 이상의 뜻이 담겨 있다. 나는 사람들이 오리가미 워치를 받았을 때 올림픽에서 메달을 받은 듯한 기분을 느끼기를 바랐다. 이 시계는 자기 스스로를 위해서는 구매할 수 없다. 이 시계는 판매 정책상 누군가에게 시계를 건네면서 자신이 왜 그 사람을 대단하게 생각하고 존경하는지를 말해야 한다. 시계 한쪽에는 상대방에게 남기고픈 문구를 새길 수 있는 자리가 마련되었다. 또한 피부가 닿는 시계 뒷면에는 금 시세에 따라 7~800달러에 해당하는 아메리칸 이글American Eagle 금화를 넣어두었다. 비상시에 시계를 뒤집어 금화를 꺼낼 수 있게 한 것이다.

내 인생의 목표는 세상 사람들이 우정을 더 깊이 맺도록 독려하는 것이다. 나는 사람들이 우정을 더 깊이 다져가는 방법에 대해 알아보고자 여러 가지 연구를 진행했었는데, 그중에서 시계가 가장 좋은 이야깃거리를 담고 있었다. 게다가 나는 뭔가를 만드는 것도 좋아한다. 이렇게 시계 제작에 사로잡혀 있는 생활은 내 목표와 성향을 하나로 합치는 연결 고리가 되었다.

오리가미 워치
(뒷면)

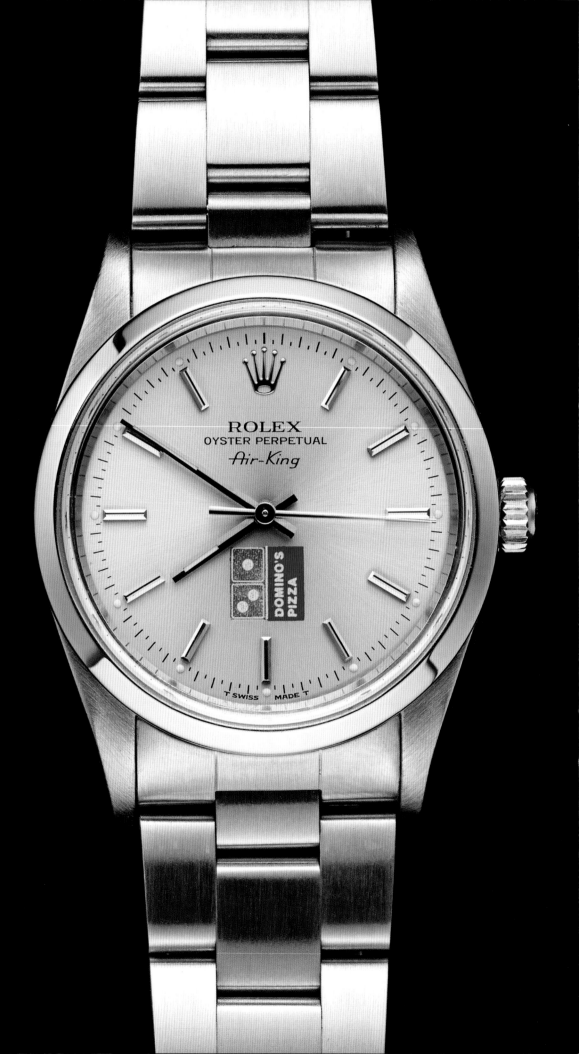

You are now a part of select group
that wears a Domino's Pizza Rolex Oyster watch
as a banner of achievement.
The Rolex Oyster is an instrument of supreme quality,
one of the world's most sought-after fine watches.
It is a symbol of prestige that you can wear proudly
for reaching $20,000 in weekly sales
for the first time in your store.

Congratulations!

Thomas S. Monaghan

귀하는 이제 귀하가 거둔 성취의 표시로
도미노 피자 롤렉스 오이스터 시계를 착용하게 된
선택받은 집단의 일원입니다.
롤렉스 오이스터는 품질이 매우 우수한 시계이자
전 세계에서 가장 인기 있는 시계 중 하나입니다.
롤렉스 오이스터는 고품격의 대명사로서,
개업 후 주간 매출 2만 달러를 처음으로 달성한 귀하가
자부심을 갖고 착용할 수 있는 시계입니다.
축하드립니다!

토마스 모너핸Thomas Monaghan

롤렉스 에어킹 Air-king **도미노 피자**

수집가들 사이에서 이 시계는 '도미노 롤렉스'로 널리
알려져 있는데, 거기에는 그럴 만한 이유가 있다. 도미
노 피자는 지난 1970년대와 1980년대에 매출을 많이
올린 가맹점주들에게 롤렉스와 공동 브랜드로 제작한
에어킹 시계를 지급하기 시작했다. 옆에 있는 시계는
1990년대 제품으로 시계 문자반에 도미노 로고를 부
착한 마지막 시기에 제작한 것이다. 얼마 후 롤렉스는
공동 브랜드로 시계를 출시하는 작업에 더 엄격해졌고,
그 뒤로는 피자 박스 모양을 시곗줄에 부착하기 시작하

스티븐 루이스

STEPHEN LEWIS

사진가

사진을 오려서 만든 휴렛패커드 계산기 시계

나는 초등학교 5학년 때 호감을 갖고 있던 여자 아이의 부모님이 번쩍거리는 롤렉스 금시계를 차고 있는 걸 본 뒤부터 시계에 관심을 갖게 되었다. 우리 부모님은 겉으로 과시하는 물건들에는 눈살을 찌푸리셨기 때문에 시계에 대한 관심은 오로지 나만의 비밀로만 간직했다. 나는 잡지에서 좋아하는 시계를 오려낸 다음 손목에 감아 테이프로 붙이고는 아무도 모르게 내 방에서만 차고 있었다. 사진만 찾아낼 수 있다면 나는 상상 속에서 내가 원하는 그 어떤 시계라도 찰 수 있었다.

1970년대로 빨리 감기를 해보면, 영화관에서 내 친구 에릭과 영화 〈007 죽느냐 사느냐〉를 본 기억이 난다. 한 장면에서 제임스 본드 역할을 맡은 로저 무어Roger Moore가 펄서Pulsar 디지털시계로 시간을 확인하는데, 나는 이 시계야말로 내가 본 물건 중에서 가장 멋지다고 생각했다. 그때 에릭이 내 쪽으로 몸을 기울이면서 속삭였다. "저 사람들은 진짜로 저런 시계를 만들어낼 거야!" 나는 그런 생각이 놀라웠다. 내가 보기에 그건 정말이지 미래에나 일어날 법한 일이었다.

그런 식으로 〈플레이보이〉 잡지에서 본 휴렛패커드 시계를 갈망하며 디지털시계에 푹 빠져 있던 나는 나중에는 크로노그래프 시계에 관심이 가기 시작했다. 하지만 내 마음속에서는 항상 내가 갖고 싶어 하는 것과 내가 실제로 가질 수 있는 것 사이에 커다란 간극이 있었다. 나는 생각했다. "그런 일은 생길 리가 없지."

맷 흐라넥과 함께 이 책을 펴내는 일을 시작하기 전까지는 제임스 본드가 차던 롤렉스 시계에 환상을 품었던 일을 까맣게 잊고 있었다. 그런데 여러 사람들의 시계를 촬영하면서 그들의 이야기를 듣고 있자니 그 시절의 기억이 새록새록 떠오르기 시작했다. 요즘 나는 아내가 생일 선물로 준 롤렉스 서브마리너를 찬다. 이제는 잡지에서 오려내지 않아도 시계를 가질 수 있지만, 지금도 나는 조그마한 상상의 나래 속으로 파고 들 수 있었던 그 모든 순간들이 감사하다.

데이비드 코긴스
DAVID COGGINS
작가

예거 르쿨트르 리베르소
JAEGER-LECOULTRE REVERSO

나는 시계에 푹 빠진 사람은 아니다. 복잡한 디테일도 잘 모르고, 그 시계가 얼마나 비싸고 희귀한지도 관심 없다. 그런 나라도 특정한 시계 앞에서는 반응을 한다. 나는 슈트처럼 만듦새가 좋고 목적에 맞게 디자인된 시계를 좋아한다. 시계 차는 걸 좋아해서, 격식을 차려야 하는 자리에 필요한 시계도 몇 개 갖고 있다. 이런 시계들은 모두 다 선물받은 것들이다.

리베르소 역시 부모님께 선물받은 시계다. 이 시계는 원래 폴로 선수들을 위해 개발되었다. 나는 이 시계를 호텔에서 차고 있다가 폴로 경기를 하러 나갈 때면 시계를 뒤집어 크리스털 유리를 보호하는 사고방식이 마음에 든다. 시계를 뒤집어주면 째깍거리는 게 느껴진다. 시계가 움직이는 방식 자체에 목적이 있는 것이다.

나는 시계가 그 사람에 대해서 많은 걸 알려준다고 생각한다. 또한 모노그램(둘 이상의 글자를 합쳐 한 글자 모양으로 만드는 것 – 옮긴이)을 좋아하지는 않지만 이 시계에 내 이름의 이니셜이 비밀스럽게 들어가 있는 게 좋다. 게다가 부모님께 받은 이 시계를 실제로 사용하고 있는 것도 좋다. 처음에 이 시계를 찼을 때는 뭔가 거창해 보여서 꺼려지는 면이 있었다. 하지만 지금은 예전보다 더 자주 차고 다닌다. 그러면 일상 속에 뭔가 특별한 것이 더해지는 기분이 든다.

이 시계를 사랑하는 또 다른 이유는 아르데코풍의 아름다운 숫자 때문이다. 약간 발랄해 보이는 이 숫자들을 보고 있으면 기계 문명의 기세가 덜했던 시절의 유럽이 떠오른다. 이 시계는 청바지나 면바지가 아닌 코트와 넥타이가 어울리고 산과 평야가 많은 몬태나 주에 갈 때보다는 파리나 이탈리아에 갈 때 혹은 뉴욕에서 오페라를 보러 갈 때 아주 잘 어울린다. 나는 그런 식의 대비가 좋다. 이 시계의 검은색이 짙은 밤색 옷과 대비를 이루는 모습도 좋다. 스타일링 공식에 어긋난다는 것은 알지만 그래도 상관없다.

"나는 시계가
그 사람에
대해서 많은
걸 알려준다고
생각한다."

—데이비드 코긴스

에르메스
수장고 이야기

내가 방문했던 다른 수장고와 달리 에르메스의 수장고는 스위스가 아닌 파리에 있다. 에르메스는 원래 승마에 사용하는 안장이나 아름다운 가죽 제품을 만들던 브랜드였다. 그러다가 회중시계보다 손목시계의 인기가 더 높아지면서 손목시계 시곗줄을 찾는 수요가 생겨났다. 에르메스는 대단히 멋지고 만듦새가 좋은 가죽 제품을 만들어왔기에, 시계 회사들이 에르메스와 손잡고 시계를 제작하게 된 건 아주 자연스러운 일이었다. 에르메스는 시계를 만드는 회사가 아니라서 새로운 시도나 기발한 제품으로 스위스 시계 회사들과 차별화된 시계를 내놓기에 좋은 입장이었다. 일례로 그들은 리베르소가 떠오르는, 뒤집어서 찰 수 있는 시계를 생산한 적이 있는데 골프를 즐기는 사람들을 위해 이 시계를 벨트에 장착하기도 했다. 에르메스 수장고에도 잘 나타나 있듯이, 에르메스 디자이너들은 놀랍게도 시계를 가죽 공예와 스타일, 패션을 기리는 물품으로 바라보았다. 다시 말하면 매우 에르메스다웠다.

예거 르쿨트르가
에르메스와 함께 제작한
타조 가죽 리베르소

1930년경에 제작된
에르메스 프로토타입

1930년경에 제작된
에르메스 프로토타입

**1930년경에 제작된
에르메스 벨트 워치**

이 시계는 골프를 즐기는 이들을
겨냥해 제작된 제품으로, 은과 흑
색 합금niello으로 만든 벨트 버클
속에 시계 장치가 숨어 있다.

브래들리 프라이스
BRADLEY PRICE

오토드로모Autodromo 설립자 겸 제품 디자이너

오토드로모 모노포스토
AUTODROMO MONOPOSTO

10년 전쯤, 나는 각종 기기 및 전자 제품, 가구, 브랜딩 프로젝트를 담당하는 제품 디자이너였다. 하지만 디자인 스튜디오 생활을 시작하기 전부터, 그러니까 사회에 첫 발을 내디뎠던 그 순간부터 나는 세상에 나가서 나만의 일을 하고 싶었다.

어린 시절부터 나는 빈티지 자동차에 푹 빠져 있었다. 나는 시계가 아니라 자동차를 좋아하는 집안에서 자랐다. 우리 형제들이 어렸을 때 아버지는 오스틴 힐리Austin Healy를 보유하시다가 재규어 XK140을 거쳐 잠깐 동안 재규어 E-타입을 타셨고, 그다음에는 젠슨 힐리Jensen Healey를 타셨다. 나는 유년기 시절 내내 빈티지 자동차와 자동차 경주의 역사를 배웠다.

언젠가 80년대 초반에 나온 알파 로메오 GTV6를 몰고 숲속을 지나간 적이 있다. 계기판을 바라보다가 거기에 적힌 글씨체가 눈에 들어왔을 때 그런 생각을 했다. "야, 이걸 시계에 접목시키면 아주 멋진 제품이 나오겠어. 계기판에서 영감을 받은 뭔가가 말이야."

그때까지 나는 벨앤로스Bell and Ross가 항공기 계기판에서 영감을 얻은 것처럼 자동차에서 영감을 얻은 시계를 본 적이 없었다. "내가 그렇게 할 수 있겠다"는 생각이 들었다.

나는 이탈리아산 자동차광이었기에 처음부터 이탈리아 브랜드풍의 시계를 만들겠다고 생각했다. 처음 내놓은 제품들은 론다 쿼츠 무브먼트를 적용한 쿼츠 시계였다. 모델명은 브레시아Brescia, 발레룬가Vallelunga, 벨로체Veloce였다.

우리가 출시한 쿼츠 시계는 회사가 성장하고 이름을 알리는 과정에서 커다란 보탬이 되기는 했지만, 고객들은 계속해서 내게 해당 제품들의 디자인과 아이디어가 좋기는 하지만 자신들이 진짜로 원하는 건 기계식 무브먼트를 채용한 시계라고 말했다. 쿼츠 시계에는 기계식 시계만한 감성이 담겨 있지 않다는 것이었다. 하지만 그때만 해도 나는 투자에 뒤따르는 리스크가 걱정되서, 모노포스토라는 완전히 새로운 기계식 시계에 투자하기로 결정을 하고서도 한정판 시계로 딱 500개만 생산했다.

모노포스토는 1950년대 경주용 자동차의 계기판에서 아이디어를 얻어서 제작했다. 경주용 자동차의 계기판은 가시성을 위해 디저트용 접시와 비교해도 될 정도로 크기가 아주 크다. 하지만 디자인 면에서 보자면 경주용 자동차의 계기판은 아주 간소하며, 유리 면에 도료나 테이프로 붉은색 선을 표시해놓을 때가 많다. 제작자들이 그렇게 하는 이유는 운전자에게 "여기에서 변속을 하라"라고 말해줌으로써 엔진이 망가지지 않게 하려는 의도다.

나는 계기판 자체에 선을 표시하는 특별한 방식이 마음에 들었고, 그래서 그 디자인을 시계의 크리스털 유리 면에 선을 직접 그려 넣는 방식으로 옮김으로써, 선이 문자반이 아닌 시계 표면에 떠 있도록 만들었다. 그리고 모노포스토는 자동차 계기판의 커다란 크기를 반영해서 크기가 43밀리미터로 살짝 큰 편이다.

모노포스토는 오토드로모를 눈여겨보지 않던 많은 사람들이 "이 회사가 그저 팔릴 만한 시계를 만드는 게 아니라 뭔가 특별한 걸 만들기 시작하네"라며 되돌아보게 만든 첫 번째 시계였다는 중요한 의미가 있다. 모노포스토는 제법 선풍적인 인기를 끌었고, 우리가 진지하게 고가의 고품질 시계를 많이 만들어도 내다팔 수 있는 시장이 있다는 걸 입증해줬다. 이 시계를 통해 우리는 우리가 제대로 된 길을 가고 있다는 것과 우리의 노력을 알아봐주는 사람들이 있다는 것, 그리고 우리 회사의 위신이 높아져 가고 있다는 것을 확신하게 되었다.

내 생각에 오토드로모가 사람들로부터 반향을 불러일으킨 이유는 우리가 아직 작은 회사에 머물러 있기 때문이다. 우리 회사는 기본적으로 한 사람이 시계를 디자인한다. 그러나 유명한 스위스 시계 브랜드들의 과거를 되돌려 보면, 그들은 50~60년대에 우리 회사보다도 규모가 훨씬 작은 회사였다. 그들에게는 지금과 같은 인력 체계나 마케팅 망이 없었고, 그래서 사람들의 감성, 직관, 본능과 시계 사이에 단절된 구석이 없었다. 어떻게 보면 나는 제조업체들이 "내가 만들고 싶은 건 이런 거야"라고 말하던 그때 그 시절과 더 가까운 방식으로 시계를 만들고 있다.

오토드로모의 역사는 현재진행형이다. 분명 우리는 신생 기업이다. 그리고 바로 그 점이 중요하다. 우리는 신생 기업이고 끊임없이 달라지는 새로운 것을 시도한다. 나는 오래도록 살아남는 물건을 만드는 일에는 관심이 없다. 나는 지금 이 순간 사람들의 흥미를 돋우고 구매 욕구와 소장 욕구를 일으키는 물건을 만들고 싶다. 그런 물건의 우수성과 소장 가치는 역사가 판단해줄 것이다.

"나는 오래도록 살아남는 물건을 만드는 일에는 관심이 없다. 나는 지금 이 순간 사람들의 흥미를 돋우고 구매 욕구와 소장 욕구를 일으키는 물건을 만들고 싶다. 그런 물건의 우수성과 소장 가치는 역사가 판단해줄 것이다."

—브래들리 프라이스

정하는 기능을 채용했다. 롤렉스가 한정 수량으로 내놓은
이 시계는, 재미있게도 최초 출시된 1000점의 시계가 시
중에 나오기도 전에 모두 품절되었다.

롤렉스 쿼츠 금시계 레퍼런스 5100

베타 21Beta 21이라고도 불리우는 이 시계는 롤렉스가
1970년에 발매한 1000점의 시계 중 하나다. 이 시계는
롤렉스가 처음으로 선보인 쿼츠 시계인 동시에 롤렉스 시
계로서는 최초로 사파이어 크리스털과 날짜를 빠르게 조
정하는 기능을 채용했다. 롤렉스가 한정 수량으로 내놓은
이 시계는, 재미있게도 최초 출시된 1000점의 시계가 시
중에 나오기도 전에 모두 품절되었다.

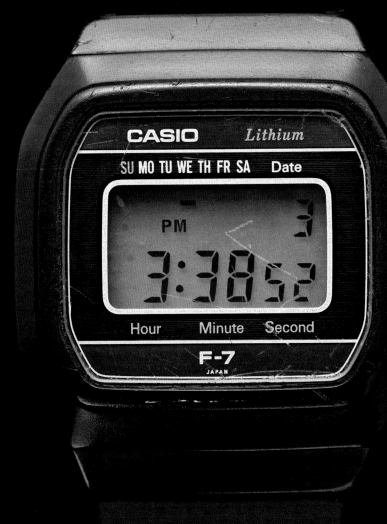

1980 카시오 F-7

애덤 크래니오테스
ADAM CRANIOTES

작가 겸 레드바 그룹Redbar Group(시계 커뮤니티 – 옮긴이) 공동 설립자

1980 카시오 F-7
1980 CASIO F-7
IWC 빅 파일럿 워치 퍼페츄얼 캘린더 탑건 레퍼런스 5029
IWC BIG PILOT'S WATCH PERPETUAL CALENDAR TOP GUN REFERENCE 5029

어린 시절에는 여름이 되면 뉴욕 북부에 있는 외갓집에서 보냈다. 그 곳에 있는 오크데일 쇼핑몰에는 할머니가 즐겨 찾으시던 브래들리스 Bradlees라는 상점이 있었다. 할아버지는 우리가 그곳에 갈 때마다 내가 시계 진열장에 딱 들러붙어 있다는 걸 눈치채셨다. 일곱 살인 내가 여덟 살로 접어들던 어느 날, 할아버지가 내 뒤로 오시면서 말씀하셨다. "애덤, 어떤 시계가 마음에 드니?"

할아버지는 평생 동안 육체노동을 해오셨고, 시계에는 관심이 없으셨다. 그리고 나는 생일과 크리스마스에만 선물을 받는 분위기 속에서 자라서, 버스에서 수녀님을 여럿 구해낸다든가 하는 일이 있지 않는 한 평소에는 선물을 거의 받지 못했다. 그러니 무척 놀랄 수밖에 없었다. 속으로 "할아버지가 왜 그러시는 거지?" 하는 생각이 들었다. 하지만 할아버지는 손주들의 열정을 지지해주는 분이셨고, 내가 관심을 갖고 있던 글쓰기와 스포츠, 그리고 나와 누나가 듣는 음악도 지지해주셨다.

나는 계산기 시계가 마음에 들었지만 그 시계를 고르지는 않았다. 할아버지에게 돈이 많지 않다는 것과 아무 이유 없이 선물을 받을 리 없다는 걸 알았기 때문이다. 대신 카시오 F-7을 택했는데, 그 시계에는 불빛(전자 발광 장치가 아니라 작은 전구였다)을 켜는 버튼이 하나 달려 있었다. 시간은 알려줬지만, 알람이나 계산 기능은 없었고, 장식 요소도 없었다. 하지만 그건 내가 간절히 원하면서도 그때까지 한 번도 가져보지 못한 시계였다.

여름이 끝나고 어머니께서 나를 데리러 오셨을 때, 나는 어머니가 시계를 되돌려 주라고 말씀하실 줄 알았다. 아침 식사 자리에서 할아버지 무릎에 앉아 있을 때 건너편에 앉아 있는 어머니가 보지 못하도록 시계를 숨겼던 기억이 난다. 하지만 어머니는 아무 말씀도 하지 않으셨고, 그런 내색조차 전혀 내비치지 않으셨다. 시간이 흐르며 시계에 흠집이 많이

생겨서 시간을 알아보지도 못하게 되었을 무렵 어머니는 시계를 서비스 센터에 보내셨다.

그로부터 한참 뒤에 갖게 된 것이 옆에 있는 IWC 시계다. 나는 늘 IWC 시계의 팬이었고, 웹사이트 타임존에서 IWC 포럼의 운영을 맡고 있기도 했다. IWC는 파일럿 워치로 유명한 브랜드라서 파일럿 워치가 갖고 싶었다. 이 독특한 형태의 몸통 디자인은 2003년에 도입되었고, IWC는 빅 파일럿 탑건 시계의 상표 라이센스를 위해 탑건 비행 학교와 파트너십을 체결했다. 빅 파일럿 탑건은 독특하게도 시계 몸통을 검은색 세라믹으로 만들었는데, 세라믹은 이전 빅 파일럿 모델에 적용된 적이 없었지만 IWC가 시계 업계에서 선구적으로 사용한 소재다. 그리고 이 시계에는 이중 크로노그래프인 라트라팡테rattrapante와 퍼페츄얼 캘린더(날짜 수정이 필요 없도록 해주는 기능 - 옮긴이)가 탑재되었는데, 이는 IWC를 기술력이 있는 시계 회사로 규정해준 살아 있는 전설 커트 클라우스Kirt Klaus가 디자인했다. 그래서 2012년에 IWC가 세라믹 소재에 퍼페츄얼 캘린더 기능을 탑재한 파일럿 워치를 출시했을 때, 그건 마치 나만을 위한 시계를 내놓았다는 기분이 들 정도였다. 하지만 값이 엄두도 못 낼 만큼 비쌌다. 그렇게 비싼 물건은 사 본 적이 없었다. 비싸도 너무 비쌌다. 소장하던 시계를 몇 개 팔아도 돈이 부족했다.

나머지 돈은 어머니가 충당해주셨다. 어머니가 사치스러운 물건과는 거리가 먼 분이라는 걸 꼭 말해둬야겠다. 그분은 무척 검소하셔서 아버지의 벤츠를 몰고 러트거스Rutgers 대학교에 박사 학위를 받으러 갈 때도 대형 쓰레기 수거통 뒤에 주차하실 정도였다. 어머니는 "그럼, 우리 아들쯤 되면 4만 달러짜리 시계를 차야지"라고 말하실 분이 아니셨지만, 이번에도 시계를 향한 내 열정을 이해해주셨다. 그리고 내 이름은 바로 이 시계를 통해서 수집가의 세계와 시계 분야에서 널리 알려지게 되었다.

그래서 내게는 이 두 시계가 알파와 오메가이다. 카시오 시계를 보면 할아버지가 떠오른다. 할아버지 덕분에 시계에 취미가 생겼고, 그렇게 스위치가 켜진 뒤로는 그 운명을 되돌릴 수 없었다는 게 생각난다. 그리고 IWC 시계는 지금 내가 서 있는 자리를 나타내는 동시에, 할아버지의 딸인 어머니가 내 열정을 이해하고 지지해주셨다는 것을 드러낸다.

두 시계를 찰 때마다 내 얼굴에는 항상 미소가 떠오른다. 여느 취미와 마찬가지로 취미 생활 중에 그런 순간을 누리지 못한 사람이라면 빨리 다른 취미를 찾아야 할 것이다.

2012 IWC 빅 파일럿 워치
퍼페츄얼 캘린더 탑건
레퍼런스 5029

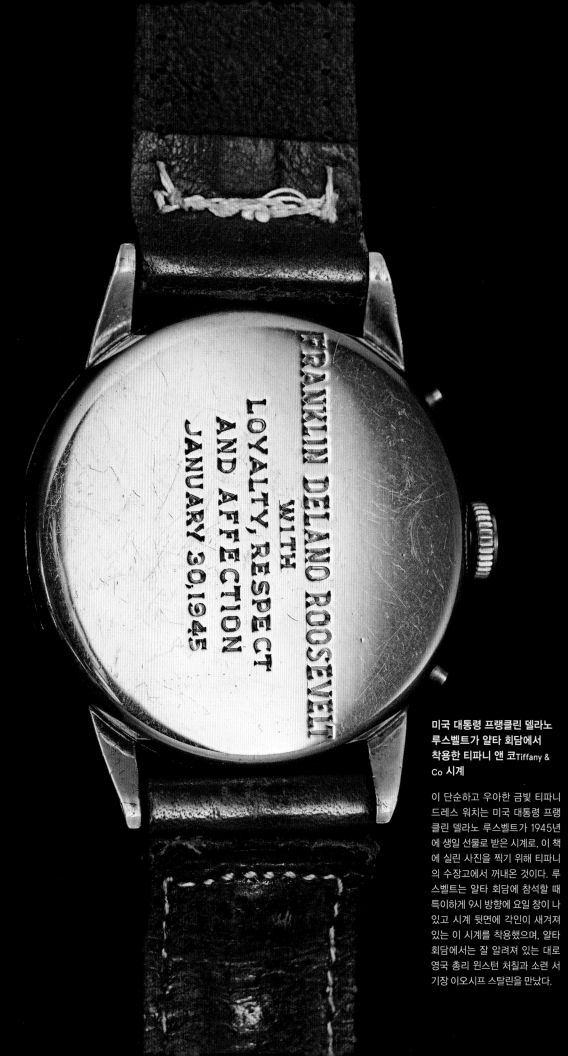

미국 대통령 프랭클린 델라노 루스벨트가 얄타 회담에서 착용한 티파니 앤 코 Tiffany & Co **시계**

이 단순하고 우아한 금빛 티파니 드레스 워치는 미국 대통령 프랭클린 델라노 루스벨트가 1945년에 생일 선물로 받은 시계로, 이 책에 실린 사진을 찍기 위해 티파니의 수장고에서 꺼내온 것이다. 루스벨트는 얄타 회담에 참석할 때 특이하게 9시 방향에 요일 창이 나 있고 시계 뒷면에 각인이 새겨져 있는 이 시계를 착용했으며, 얄타 회담에서는 잘 알려져 있는 대로 영국 총리 윈스턴 처칠과 소련 서기장 이오시프 스탈린을 만났다.

롤렉스 서브마리너
레퍼런스 5513

그레이엄 파울러
GRAHAME FOWLER

그레이엄 파울러 오리지널Grahame Folwer Original(남성복 매장 – 옮긴이) 설립자

롤렉스 서브마리너 레퍼런스 5513
ROLEX SUBMARINER REFERENCE 5513

롤렉스 밀리터리 서브마리너 레퍼런스 5517
ROLEX MILITERY SUBMARINER REFERENCE 5517

오메가 씨마스터 300
OMEGA SEAMASTER 300

나는 아프리카에서 보낸 유년 시절에 처음으로 밀리터리 워치에 관심을 갖게 되었다. 내 아버지는 영국 왕립 통신대English Royal Corps of Signals 소속으로 아프리카 중동부 및 북부 지역 전역에서 근무하셨다. 당시 나는 랜드로버 차량을 타고 학교에 다녔고, 남자들은 모두 군복과 밀리터리 워치를 착용하고 총을 들고 있었다.

그건 잠재의식이 형성되기에 아주 이상적인 환경이었다. 유년기에 경험한 많은 것들이 자신도 모르게 성인기 생활양식의 일부를 형성한다는 건 놀라운 일이다. 이제껏 내 자동차가 모두 랜드로버였던 것처럼 말이다. 이후 나는 빈티지 의류, 자동차, 자전거, 스쿠터를 수집하고 판매하는 일에 종사하게 되었고, 그러면서 자연스레 시계에도 관심을 갖게 되었다.

이 시계는 1972년에서 1978년 사이에 출시된 롤렉스 서브마리너 레퍼런스 5513이다. 발견된 장소는 도르셋 해변으로 영국 해군 특전대가 훈련을 하던 곳이다. 이 시계는 해군 특전사가 차던 것이 분명하다. 시계는 고무로 된 소형 고속정을 타고 육지로 향하던 특전사의 손목에서 떨어지고 말았고, 그대로 20년 넘게 모래 속에 묻혀 있었을 것이다. 그러던 어느 날 한 친구가 해변에서 사람들이 흘린 동전을 찾다가 우연히 이 시계를 발견하고는 동네 시계방에 팔았다. 그 후 내 친구가 이 시계를 사서 수리를 위해 롤렉스 서비스 센터에 맡겼고, 나중에 내가 이 시계를 사들였다.

많은 사람들이 이 시계를 보고 망가졌다고 말한다. 그들의 말마따나 분명 망가졌지만 나에게 있어서만큼은 예술 작품이다. 문자반은 오랜 세월 동안 이리저리 휩쓸리고 물이 들어차고 마모가 되는 동안 녹이 슬고 빛이 바랬다. 하지만 아무 흠이 없는 말끔한 문자반으로 교체하기보다는 지금 상태를 그대로 간직하는 것도 재미있겠다는 생각이 든다. 몇 시인지 알아보기가 어려워서 그렇지 이 시계는 시간을 기가 막히게 잘 맞춘다.

"나는 아프리카에서
보낸 유년 시절에
처음으로 밀리터리
워치에 관심을 갖게
되었다. 내 아버지는
영국 왕립 통신대
소속이었고, 남자들은
모두 군복과 밀리터리
워치를 착용하고 총을
들고 있었다."

—그레이엄 파울러

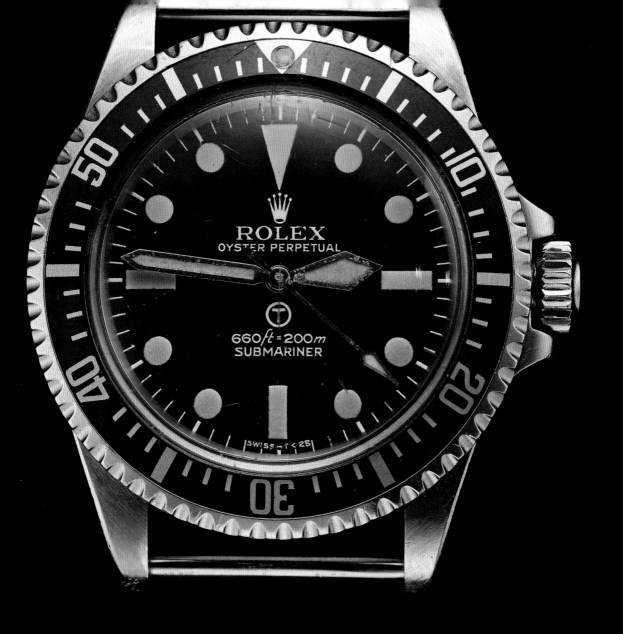

롤렉스 밀리터리 서브마리너
레퍼런스 5517

오메가 씨마스터 300

영국 공수 특전단에 지급된 영국군용 1967 오메가 씨마스터 300은 매우 희귀한 시계다(문자반에 대문자 'T'가 없다는 건 이 시계가 아주 초기에 발매된 모델이라는 뜻이다). 이 시계는 두 전직 특전사가 북아일랜드에서 특수 작전을 수행하면서 착용하던 것이다.

DATE	TIME	CHECK STN	MINS	SECS	S or F
MAR 12	1300	R. AUSTRALIA		19½	S
13	1200			15	S
14	1200	"		12	S
15	1200			21	S
16	1600	BBC		36½	S
16	2000	BBC	4	30	S
17	1200	R. AUSTRALIA	4	49	S
18	1200	.	6	16	S
Wound manually, reset and checked					
MAR 20	1200	R. AUSTRALIA		6	S
21	1600	BBC		1½	S
22	1300	R. AUSTRALIA		1½	S
23	1200	"		1½	F
24	1200			7	F
25	2000	BBC		12	F
26	1400	"		14	F
27	1200	R. AUSTRALIA		16	F
28	1300			20	F
29	1200	"		24½	F
30	1300			29½	F
No watch checks for some time					
APRIL 2	1200	R. AUSTRALIA		58	S
3	1300	"	2	0	S
No watch checks for some time and watch badly in error.					

DATE	TIME	CHECK STN.	MINS	SECS	F or S
Wound manually, reset, and checked					
APRIL 29	1300	R. AUSTRALIA		58	S
MAY 1	2000	BBC		53	S
3	2000	BBC		46	S
4	1300	R. AUSTRALIA		43½	S
6	1300	"		43	S
7	1300	"		40	S
8	1300	"		45	S
9	1300	.		40½	S
10	0600	BBC	9	40	S
Had taken watch off for a couple of hours whilst washing clothes.					
Wound manually reset + checked					
MAY 11	1300	R. AUSTRALIA		8½	F
11	1800	BBC		10	F
12	1300	R. AUSTRALIA		13½	F
12	1800	BBC		13½	F
13	1300	R. AUSTRALIA		12½	F
14	1300	"		10	F
15	1300	"		11	F
16	1300	"		10½	S
17	1800	BBC	2	18	S
19	2205	WWV	2	11	S
20	2000	BBC	2	16½	S
21	1755	WWV	2	9½	S

튜더 오이스터 프린스 BNGE Tudor Oyster Prince BNGE

옆에 있는 시계는 시계학 역사상 가장 유명한 원정에 사용되었던 시계 중에서 유일하게 남아 있다고 알려진 것이다. 1952 오이스터 프린스는 튜더사가 처음으로 선보인 오이스터 프린스 모델로, 지진 및 중력과 관련된 연구를 수행하고자 그린란드로 떠난 과학자, 군인, 의료진이 차고 갔던 26개 제품 중 하나이다.

윈스턴 처칠과 엘리자베스 2세 여왕이 후원한 영국 해군의 그린란드 원정British Naval Greenland Expedition(BNGE)은 힘겨운 여건 속에서 2년 동안 이어졌다. 당시 튜더사는 광고에 그린란드 원정대가 연구를 수행하는 모습을 강조해서 내보냈고, 이를 통해 소비자들의 상상력을 사로잡으면서 자사의 튼튼한 품질을 드러냈다. 실제로 오이스터 프린스는 장식이 넘치는 시계가 아니며, 원정 일지에는 이 시계가 엄청나게 가혹한 조건 속에서 발휘한 성능과 내구성이 상세히 기록되어 있다.

원정이 끝나가던 1954년 2월, 영국에 도착하는 대로 튜더 오이스터 프린스를 모두 수거해 폐기할 예정이라는 명령이 내려왔다. 사람들은 튜더사의 입지를 다져준 전설적인 시계가 그렇게 영원히 사라졌다고 생각했다. 그런데 그린란드 원정이 끝난 지 정확히 60년이 되던 2014년, 원정대의 일원이던 93세의 데즈먼드 '로이' 호마드 대령이 주방 서랍 뒤편에서 오래 전에 잃어버렸던 튜더 시계를 발견했다. 호마드 대령은 감사하게도 이 시계를 튜더사의 수장고에 기증했고, 우리는 튜더사의 너그러운 협조 덕분에 이 사진을 찍을 수 있었다.

**튜더 오이스터 프린스 서브마리너
레퍼런스 7016**

이 시계는 1970년대에 수구 1부 리그
제네바 팀 소속으로 활동하던 크리스
티안 튜린Christian Turin에게 증정된
것이다. 제네바 팀은 1960년대 후반
부터 1970년대 초반까지 스위스 수
구 1부 리그를 호령하며 1967, 1968,
1969, 1974년에 우승을 차지했다. 이
시계는 1974년에 우승을 차지했을 때
선수단 전원에게 사례품으로 준 것이
다. 시계 뒷면에는 모두 똑같은 문구
를 새겼으나 튜린은 다른 글자체로
자신의 이름을 덧붙였다. 2014년에
튜린이 이 시계를 튜더사의 수장고에
기증하면서, 시계는 수여 후 정확히
40년 만에 집으로 돌아오게 되었다.

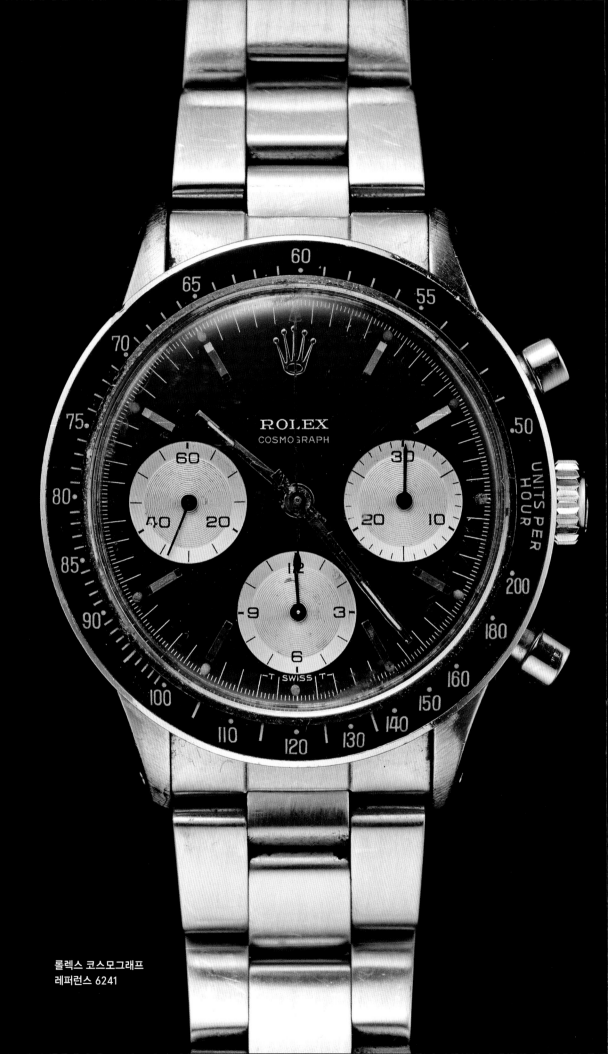

롤렉스 코스모그래프
레퍼런스 6241

헨리 로이트와일러

HENRY LEUTWYLER

사진가

롤렉스 코스모그래프 레퍼런스 6241
ROLEX COSMOGRAPH REFERENCE 6241

롤렉스 오이스터 버블백
ROLEX OYSTER BUBBLEBACK

나는 외동아들이고, 아버지가 심장마비로 쉰일곱에 돌아가셨을 때 스물다섯 살이었다. 아버지가 돌아가시고 나서 나는 어머니가 두 분이 함께 생활하시던 집에서 살아가실 수 없다는 걸 깨달았다. 그래서 우리는 그 집을 팔았고, 어머니의 거처를 아파트로 옮겨드렸다. 그 과정에서 내가 쓰던 침대와 가구를 비롯한 많은 물건도 함께 팔았다. 아버지는 어려서부터 내게 물건은 가격이 아니라 애정을 기준으로 소장하라고 가르치셨다. 물건은 곁에 두고 누리다가 언젠가는 보내주는 것이라고 생각하신 것이다. 그래서 나는 어린 시절 아버지가 살아계셨던 때를 기념하고자 돈을 조금 모아 롤렉스 코스모그래프 시계를 중고로 구입했다.

코스모그래프는 아주 멋진 시계다. 시계광과 거리가 먼 내가 이 시계를 산 이유는 나중에 이 시계의 가치가 높아질 거라 생각해서가 아니라 그저 이 시계가 마음에 들었기 때문이다. 이 시계는 부모님과 함께 우리 집에서 살던 행복한 나날을 떠올리게 해주는 기념품인 것이다.

나는 돌아가신 외삼촌이 물려주신 롤렉스 버블백도 갖고 있다. 나는 스위스-이탈리아계이고, 외가 쪽은 이탈리아 혈통이다. 그래서 코스모그래프를 내 스위스 혈통으로 여기고, 버블백은 이탈리아 혈통으로 여긴다.

나는 도박을 하지 않으며 주식이나 채권을 믿지 않는다. 노동과 신실한 친구들과 대지를 믿고, 시계와 멋진 자동차를 좋아한다. 죽고 나면 가져갈 수 없는 돈에는 미련을 가져 본 적이 없다. 돈은 있다가도 없는 것이다. 언젠가 아버지는 돈을 크게 잃은 적이 있었지만 그만한 돈을 다시 버셨다. 나 역시 큰돈을 잃고 완전히 빈털터리가 되어서 조수에게 20달러를 빌리던 시절이 있었지만 그만큼을 다시 벌었다. 다시 빈털터리가 되는 날이 온다고 해도, 나는 이 시계들만큼은 값이 1달러든 100만 달러든 절대로 팔지 않을 것이다. 적게 먹고 수척해지더라도 열심히 일해서 다시 시작할 것이다.

"나는 이 시계들만큼은 값이 1달러든 100만 달러든 절대로 팔지 않을 것이다. 적게 먹어 수척해지더라도 열심히 일해서 다시 시작할 것이다."

—헨리 로이트와일러

롤렉스 오이스터
버블백

실베스터 스탤론
SYLVESTER STALLONE

배우, 감독, 시나리오 작가

롤렉스 티파니 앤 코 서브마리너 금시계 레퍼런스 1680/8
TIFFANY & CO. GOLD ROLEX SUBMARINER REFERENCE 1680/8

이건 지금까지 내가 가장 애착을 갖고 있는 시계이다. 이 시계를 처음 봤을 때, 시계는 그 유명한 올맨 브라더스 밴드Allman Brothers Band의 리드 싱어 그레그 올맨Gregg Allman의 손목에 채워져 있었다. 그때는 1976년으로, 우리는 비행기를 타고 있었고 그레그는 잠을 자고 있었다. 나는 주변을 둘러보다가 그때까지 본 것 중에서 가장 아름다운 시계를 보게 되었다. 비행기에서 내리자마자 나는 구입처를 알아냈고, 그 이후로 이 시계는 내 자랑이자 기쁨이 되었다. 이건 내 힘으로 사들인 첫 번째 고가품이며, 지금까지도 무척 아끼고 있다. 단순하고 박력 있고 남성미 넘치는 그 모습은 지금까지도 어디 하나 흠잡을 곳이 없다. 그건 영화 〈록키 2〉에서 록키가 에이드리언에게 말하던 대사와 비슷하다. "즐거운 시간을 보내고 싶어? 그럼 좋은 시계를 차야 해!" 이 시계는 나를 '그리운 지난날'과 이어주는 몇 안 되는 물건 중 하나다.

튜더 오이스터 프린스 서브마리너

샌프란시스코의 시계 매장 HQ 밀턴HQ Milton
에서 판매상으로 일하던 야체크 코주베크
Jacek Kozubek가 이 빈티지 튜더 시계를 샀을
때, 요청하지도 않았는데 사연이 담긴 판매자
의 손 편지가 함께 딸려 왔다. 시계의 옛 주인은
판매자의 아버지였고, 그는 해병, 잠수함 승무
원, 미군 전함 바벨호의 정비공으로서 우리가
진주만으로 알고 있는 파파 호텔에서 근무했
다. 판매자는 이렇게 덧붙였다. "아버지의 시계
와 작별을 하려니 마음이 무겁습니다…. 부디
누군가가 아버지만큼 이 시계를 소중히 여겨주
시기를 바랄 뿐입니다!"

제니스
수장고 이야기

스위스산 기계식 시계 시장이 1970년대에 일어난 쿼츠 혁명을 기점으로 거의 사라지다시피 한 적이 있다. 기계식 무브먼트는 순식간에 구닥다리로 전락했고 쿼츠 시계가 미래로 떠올랐다. 이 같은 변화는 무척 갑작스럽고 급격하게 일어났고 거스를 수 없는 대세처럼 보였기에, 1975년 미국 회사 제니스 라디오 코퍼레이션Zenith Radio Coporation(자회사 제니스 매뉴팩처는 1969년에 출시한 엘 프리메로El Primero를 바탕으로 손목시계 시장을 선도했다)은 스위스 르로클Le Locle에 있는 공장에 서신을 보내 기계식 시계의 생산을 중단하고 생산 시설과 장비를 모두 고철 처리하라고 지시했다. 수석 시계공이던 찰스 '찰리' 베르모Charles 'Charly' Vermot는 즉시 항의했지만 그의 요청은 묵살당했고, 그러자 그는 방법을 바꿔 절삭공구나 압착기기 등에 이름표를 붙이고는 공장 내 다락에 있는 책장 뒤편 가벽에 조심스레 숨겨놓았다.

그렇게 10년이 지났지만, 쿼츠 혁명은 장인 정신이 담긴 기계식 시계에 대한 사람들의 열망을 완전히 꺾어놓지는 못했다. 시간이 흐르면서 기계식 무브먼트에 대한 관심은 오히려 되살아난 반면, 기계식 무브먼트를 만드는 제작법은 물론 제작 재료에 대한 지식들은 쿼츠 혁명이라는 급격한 소용돌이 속에서 모두 사라지고 말았다. 하지만 찰리 베르모가 금형과 장비를 보존해둔 덕분에 제니스는 멋들어진 기계식 무브먼트를 다시 생산할 수 있게 되었다. 이 일은 제니스가 재기하는 과정뿐만 아니라 다른 브랜드에도 도움이 되었고, 해당 무브먼트들은 롤렉스 데이토나 초기 모델에도 적용되었다. 더욱이 이 무브먼트들은 아름답고 우아하면서도 복잡다단했다. 수장고에서 쿼츠 혁명 이전의 시계(예컨대 1909년 프랑스 조종사 루이 블레리오Louis Blériot가 인류 최초로 영국 해협을 횡단하면서 착용했던 놀라운 파일럿 워치)와 이후의 시계를 두루 살펴보면서 그런 류의 지식과 노하우는 일시적인 유행에 휩싸여서 등한시하면 진정한 가치와 매력을 제대로 알아차리기도 전에 사라져버릴 수 있다는 걸 깨달았다.

제니스 엘 프리메로
기계식 크로노그래프 무브먼트

제니스 엘 프리메로
크로노그래프, 1969년경

**루이 블레리오의
제니스 시계**

유명 프랑스 조종사를 위
해 제작된 이 시계는 훗날
제니스 타입 20Type 20이
되었다.

랄프 로렌

RALPH LAUREN

랄프 로렌 코퍼레이션 대표 겸 총괄 책임자

까르띠에 탱크 상트레
CARTIER TANK CINTRÉE

나는 앤디 워홀의 시계 경매 행사에 갔다가 멋진 금팔찌가 달린 이 시계에 반해버렸다. 팔찌에 붙어 있는 시계는 별 볼 일 없는 거라서 구입한 뒤 팔찌를 내 손목에 맞춰 조정하고 거기에 까르띠에 탱크 상트레를 달았다. 이 시계는 내가 가장 좋아하는 시계 중 하나다. 유서 깊은 시계를 나만의 방식으로 독특하게 조합해 표현한 것이기 때문이다.

돌이켜보면 내 눈길을 처음으로 사로잡은 시계는 아버지의 시계였다. 그건 스톱워치 기능이 들어간 크고 동그란 시계였다. 아버지는 진정한 신사셔서 언제나 넥타이를 매셨고, 시계는 늘 아버지의 옷차림에서 한 자리를 차지했다. 십대와 이십대 시절에 나는 프레드 아스테어나 캐리 그랜트Cary Grant와 같이 멋지고 당당한 남성들의 스타일에 매력을 느끼기 시작했다. 그러면서 시계가 그들의 옷차림에 중요한 역할을 한다는 걸 알아차렸다. 나는 남자와 시계 사이에는 특별한 유대 관계가 형성된다고 생각한다. 시계는 날마다 차는 것이다 보니 남자에게 있어서 가장 두드러지면서도 사적인 물품이며, 기능성을 갖춘 장신구이다.

나는 옷차림과 행선지의 분위기에 맞춰 제각기 다른 시계를 착용해야 한다고 생각한다. 시계도 옷과 마찬가지로 나날이 변하는 세상의 일부로 바라본다. 내가 사랑하고 진행하는 모든 일은 개인이 느끼는 감정과 연결되어 있으며, 내가 오랫동안 모아온 시계는 가격이 아니라 시계의 외관과 작동 방식, 그리고 시계에서 느껴지는 정서를 기준으로 고른 것들이었다. 특정한 시계는 검정색 타이에 슈트 차림으로 우아한 저녁 식사 자리에 참석한 사업가나 남성에게 지난 시절의 고상하고 화려한 매력을 풍기게 해준다. 그런 반면 군인이나 조종사를 위해 제작된 기능성 시계는 비행기를 조종하거나 지프차를 몰고 광야를 가로지르는 경험을 떠올리게 한다. 나만의 시계 컬렉션을 만드는 건 디자인과 아름다움을 알아보는 사람들을 위해 정서가 깃든 뭔가를 형성해가는 일이다.

나는 사용하기 위해 만들어진 물건에서 느껴지는 아름다움을 항상 사랑해왔다. 바로 그게 내가 아름다운 빈티지 자동차들, 예컨대 내 페라리 250 GTO와 같은 놀라운 레이싱 자동차나 튼튼한 4륜 구동 차량, 그리고 낡은 트럭까지도 사랑하는 이유이다. 그런 자동차는 모두 특정한 목적을 위해서 제작되었고, 그렇기에 제 나름의 고유한 아름다움을 간직하고 있다. 나는 항상 내 자동차를 움직이는 예술품으로 여긴다. 그리고 손목시계에 대해서도 똑같은 생각을 갖고 있다. 시계는 손목에 채워진 채로 움직이는 예술품이다. 이 세상에 시계와 같은 물건은 아무것도 없다.

"남자와 시계
사이에는 특별한
유대관계가
형성된다고
생각한다."

—랄프 로렌

앤디 워홀의 파텍 필립 레퍼런스 2503

이제껏 앤디 워홀만큼 이미지와 상품을 결합시키는 작업에 몰두했던 예술가는 없었던 것 같다. 앤디 워홀의 작업 스타일은 브룩스 브라더스의 옥스퍼드 셔츠나 리바이스 501 청바지처럼 표준적인 미국풍에 치우쳐 있지만, 그가 수집한 시계들을 보면 대표적인 고급 시계들에 대한 놀랍고도 흥미로운 취향이 엿보인다.

"나는 시간을 확인하려고 탱크를 차고 다니는 게 아니에요." 언젠가 워홀은 자신의 까르띠에 시계를 보고 이런 말을 했다. "시계태엽을 감아본 적도 없어요. 내가 이 시계를 차고 다니는 이유는 이 시계가 차고 다녀야 하는 시계이기 때문이죠!" 팝아트의 대가 앤디 워홀은 매끈한 까르띠에 드레스 워치를 당당하게 차고 다니는 걸로 잘 알려져 있는 듯하지만, 그는 1940년대에 생산된 로즈 골드 색상의 롤렉스 오이스터 퍼페츄얼, 파텍 필립에서 최초로 내놓은 오토매틱 시계, 네모난 몸체에 러그lug(시계 몸통에서 튀어나와 있는 부분으로, 시곗줄과 연결되는 부위 – 옮긴이)가 재미난 모양으로 뒤틀려 있는 바쉐론 콘스탄틴과 같은 다양한 스위스 시계도 수집했다. 출처가 불분명한 소문에 따르면, 그는 고급 시계 300점을 보유했고, 그중 가장 아끼는 시계를 모아 침대 머리맡 선반에 보관했다고 한다.

그중에는 옆에 있는 이 시계도 포함되어 있다. 이 아름다운 시계는 1952년에 출시된 파텍 필립 레퍼런스 2503으로 우아한 눈물방울 모양의 러그에 이파리 모양의 시곗바늘이 달려 있다. 옐로 골드 빛 몸통은 둥그스름한 크리스털 유리로 덮었고, 그렇게 해서 생긴 아래 공간에는 숫자판과 눈금을 붙였다. 앤디 워홀이 입던 대다수 옷처럼 이 시계는 고전을 슬며시 뒤틀고 있으며 앤디 워홀의 작품이 그러했듯이 이 시계에 담긴 유희는 의미를 손상시키지 않으면서 효과를 고조시키는 훌륭한 장치였다.

존 크리시티엘로
JOHN CRISCITIELLO
시계 판매상

브라이틀링 크로노매트
BREITLING CHRONOMAT

나는 1983년부터 시계를 활발하게 사고팔았다. 어느 해에는 시계 수집가 협회National Association of Watch and Clock Collectors가 개최한 박람회에 참가했다. 박람회장에 전시대를 차린 뒤 주변을 둘러보다가 1930년대 후반에서 1940년대 초반 사이에 제작한 브라이틀링 크로노매트 시계에 눈길을 빼앗겼다. 이처럼 몸통 디자인이 독특한 시계는 무척 드물다. 일반적인 나사로 고정되어 있지 않은 이 시계의 몸통에는 특수한 방수 시스템이 있다. 각 러그의 아래에는 조그만 기계 나사가 있어서 이 나사를 돌리면 물이 들어오지 않는 상태가 된다. 결국 나는 가격을 약간 흥정해서 이 시계를 구입했다.

판매자와 멀어지면서 머릿속으로 시계를 되팔 궁리를 하던 차에 판매자가 내게 외쳤다. "이봐요, 혹시 이 시계에 얽힌 사연은 들어볼 생각이 없나요?" 나는 제자리에 멈춰 몸을 돌리고는 다시 그에게로 돌아가면서 말했다. "그래요, 한번 들어보죠."

그는 조지아 주 아니면 앨라배마 주에 있는 보석상에서 수리를 한 시계를 사들였다. 이 시계는 그 가게에서 가장 오래 전에 수리를 맡긴 시계로, 이름의 머리글자가 GI인 시계 주인이 1941년에 맡겨놓고는 찾아가지 않은 물건이었다. 나는 소름이 돋기 시작했고, 그 자리를 떠나면서 생각했다. "이건 팔아서는 안 되겠어. 내가 잠시 맡아두고 있는 셈이니까." 이 시계를 산 건 거의 20년 전인데, 나는 아직도 이 시계를 갖고 있다. 이 시계는 절대로 팔지 않을 것이다.

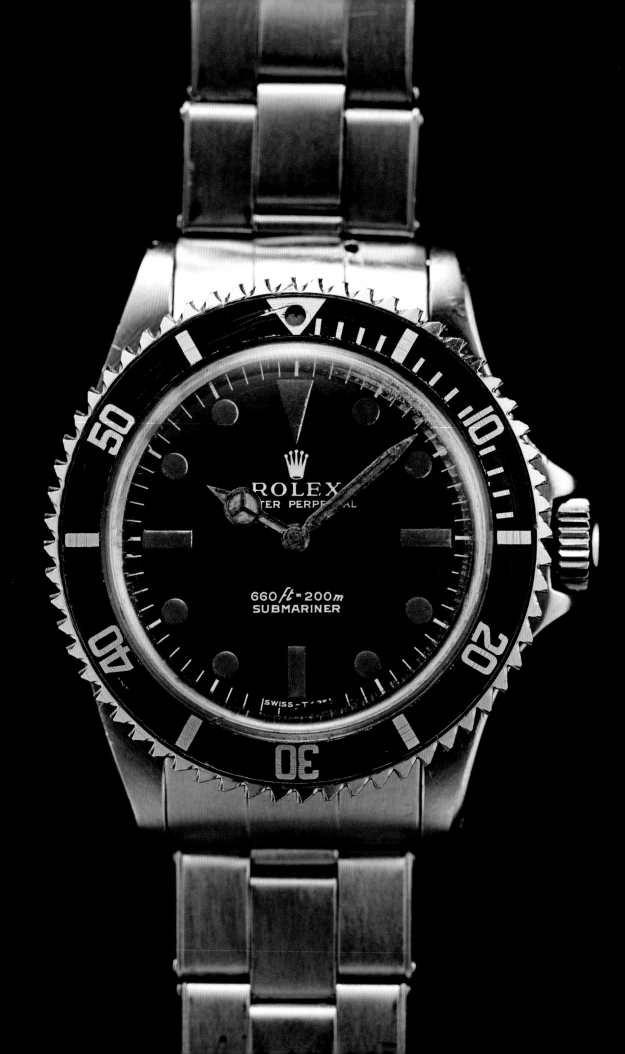

제임스 본드가 찼던
'버즈 소Buzz Saw(원형 톱 – 옮긴이)'
롤렉스 서브마리너
레퍼런스 5513

1972년에 출시된 이 롤렉스 서브마리너는 아주 흥미롭게 개조되었다. 가장 눈에 띄는 건 베젤에 있는 홈을 톱니 모양으로 길게 늘여 놓은 것이다. 제임스 본드 역을 맡은 로저 무어는 1973년 개봉작 〈007 죽느냐 사느냐〉에서 이 시계를 톱처럼 사용했다. 미술 감독 시드 케인Syd Cain은 특수 회전 날개에 압축 공기를 사용하는 방식을 적용해, 베젤에 달린 '톱날'이 올라와 회전하는 액션 영화 소품을 만들어냈다. 이 시계는 특수 효과를 위해 무브먼트를 제거한 탓에 시간을 알려주지는 못했지만, 2011년 제네바에서 열린 크리스티 경매에서 24만 2655달러(우리 돈 약 2억 8000만 원 – 옮긴이)라는 거액에 팔렸다.

네이트 버커스
NATE BERKUS
인테리어 디자이너 겸 작가

파텍 필립 노틸러스 레퍼런스 3800/A
PATEK PHILIPPE NAUTILUS REFERENCE 3800/A

어려서부터 나는 질 좋은 물건들을 좋아했다. 꼭 비싸지 않더라도 잘 만든 물건들 말이다. 나는 옷을 살 때건 방을 꾸밀 때건 그런 태도를 언제나 고수했다.

부모님이 늘 좋은 시계를 차셨던 덕분에 나는 제법 이른 나이부터 질 좋은 시계를 접했다. 내가 열두 살 때 디자이너셨던 어머니는 보석상을 위해 일하고 계셨고, 아버지에게 드릴 새로운 시계를 하나 구하기로 결심하셨다. 그 얘기를 들은 나는 스테인리스 스틸 재질의 롤렉스 시계가 갖고 싶다고 마구 졸랐다. 모델명이 아직도 기억이 난다. 그건 에어킹 바로 윗급의 입문형 모델인 R100이었다. 그렇게 나는 열두 살에 처음으로 시계를 갖게 되었고, 그 대가로 집 안 청소, 세차, 여동생 돌보기를 담당해야 했다. 나는 그 시계에 홀딱 빠졌다.

내 파텍 필립 시계에는 두 가지 사연이 있다. 우선 아버지가 똑같은 모델을 보유하고 계셨는데, 돌아가시기 전에 그 시계를 파셨거나 잃어버리신 것 같다. 나는 어려서부터 보았던 그 시계를 기억하고 있었고(그건 스테인리스 스틸 재질이었는데, 그 시계에 대해서 자세히 아는 사람은 아무도 없었다.) 그래서 나중에 내 힘으로 돈을 벌고 일이 잘 풀리기 시작했을 때 가장 먼저 사들인 시계 중 하나가 그 시계였다. 나는 이왕이면 내가 태어난 해에 제작된 시계를 구하고 싶어서 1971년에 제작된 시계를 하나 구해 구입했다(늘 중고로 구입한다).

나는 내 연인 페르난도와 태국, 스리랑카, 캄보디아로 휴가를 갔을 때도 그 시계를 차고 있었다. 그곳에 쓰나미가 밀려왔던 2004년이었다. 쓰나미가 밀려왔을 때, 나는 살아남았지만 페르난도는 그렇지 못했다. 한 달이 지나고 나서야 휴가 때 그 시계를 차고 있다가 어느 틈엔가 잃어버렸다는 걸 깨달았다. 나는 그 시계에 대해서 생각했다. 그 시계를 다시 살까 말까 고민했고, 몇몇 이유 때문에 시계를 다시 사들이는 쪽으로 마음이 기울었다. 1971년에 제작된 제품은 찾을 수 없었다. 사실 나는 이 시계의 제작년도를 제대로 알지 못하고 그즈음이라는 것만 안다. 이 시계는 시카고의 한 시계상에게서 구했다. 이 시계를 처음 찼던 날이 기억난다. 손목을 물끄러미 내려다보다가 그날 있었던 사건이 나를 굴복시키지 못했다는 걸 깨달았다. 그 기억은 나를 거꾸러뜨리지 못했다.

끔찍이도 사랑하는 사람이 이 세상을 떠났을 때 우리에게는 두 가지 선택지가 주어지는 것 같다. 그럴 때 우리는 커튼을 닫고 침대에서 안정제를 먹든가 아니면 커튼을 열어젖힌 다음 꽃을 심거나 초에 불을 붙인다. 그리고 계속해서 앞으로 나아가고자 노력한다. 그 과정은 아주 느릿느릿하고 무척 고통스럽지만, 그 안에는 떠난 이를 기리고 자신이 살아남았다는 사실을 되새겨보고자 하는 의지가 담겨 있다. 이 시계를 내려본다고 해서 그때마다 쓰나미가 떠오르지는 않는다. 그럴 때 나는 내가 살아온 나날을 생각하고, 아버지와 나눴던 추억과 페르난도와 나눴던 추억을 떠올린다. 그리고 앞으로 살아갈 나날에 대해서도 여러 가지 생각을 한다. 그날 일어난 사건은 분명 갑작스레 닥친 비극이었지만, 희비가 교차하는 인생에서 경험하는 여러 사건 중 하나일 뿐이라는 걸 말이다.

"이 시계를 내려본다고
해서 그때마다
쓰나미가 떠오르지는
않는다. 그럴 때 나는
내가 살아온 나날을
생각하고, 아버지와
나눴던 추억과
페르난도와 나눴던
추억을 떠올린다."

—네이트 버커스

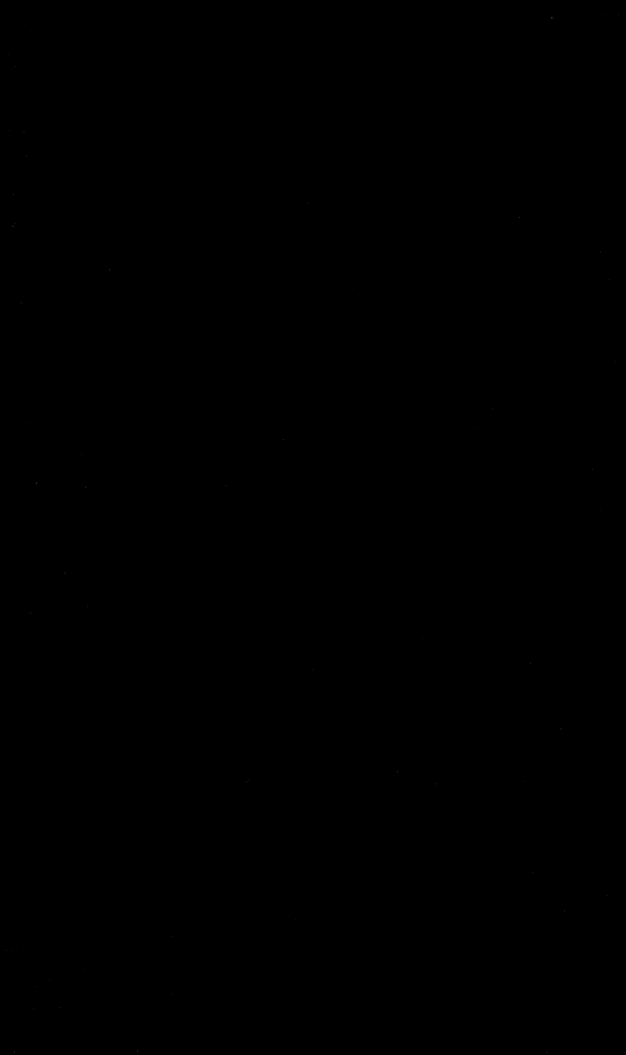

기고자들

가브리엘 바셰트는 시계 제작과 일상 속 시계 활용법을 전문으로 다루는 온라인 생활 잡지 〈레스 라빌리어〉의 설립자이다. 현재 파리에 거주 중이다.

그레이엄 파울러는 영국 플리머스에서 태어나 케냐에서 자랐다. 어린 시절, 군인인 아버지와 아버지 동료들의 시계에 매력을 느끼면서 시계에 관심을 갖게 되었다. 이 나라에서 저 나라로 몇 차례 이사를 다녔던 파울러는 1999년에 다시 뉴욕에 거처를 마련했고, 이곳에 남성복 매장 그레이엄 파울러 오리지널을 열었다.

나스는 그래미상 후보에 오른 음악가이자 기업가다. 지금까지 출시한 정규 앨범 열두 장 중 여덟 장이 100만 장 혹은 200만 장 이상 판매되면서 전 세계적으로 수백만 장의 앨범을 판매했다. 현재 로스앤젤레스에서 살고 있다. "쓰고 싶은 말도, 하고 싶은 말도 무척 많아/ 하지만 어디에서부터 시작해야 할지 모르겠어/ 그러니 단순한 것과 내 마음에서 흘러나오는 것에서부터 시작해보겠어." (나스, 〈로코-모티브Loco-Motive〉)

네이트 버커스는 24살에 디자인상을 수상한 인테리어 업체를 설립했다. 2002년에 오프라 윈프리 쇼에 처음 출연한 뒤로는 세계에서 가장 인지도 높은 인테리어 디자이너가 되었다. 그의 작품은 〈아키텍처럴 다이제스트 Architectural Digest〉, 〈하우스 뷰티풀 House Beautiful〉, 〈보그〉, 〈인스타일 Instyle〉, 〈오프라 매거진〉, 〈피플〉, 〈엘르 데코Elle Decor〉와 같은 주요 잡지에 소개되었다. 버커스는 뉴욕타임스 베스트셀러 《홈 룰즈Home Rules》, 《씽즈 댓 매터Things That Matter》의 저자이며, 오스카상을 수상한 영화 〈헬프The Help〉에서 책임 프로듀서를 맡기도 했다. 그가 진행하는 텔레비전 프로그램으로는 〈네이트 버커스 쇼〉, 〈아메리칸 드림 빌더스American Dream Builders〉, 〈네이트 앤드 제러마이아 바이 디자인Nate and Jeremiah By Design〉이 있다. 현재 로스앤젤레스에 거주하고 있다.

데이비드 코긴스는 《맨 앤 스타일》의 저자이다. 그가 쓴 책은 〈에스콰이어〉, 〈콘데 나스트 트래블러〉, 〈파이낸셜 타임스〉 등의 매체에 소개되었다. 현재 뉴욕에 거주 중이다.

디미트리 디미트로프는 로스앤젤레스 선셋 타워 호텔 타워 바를 이끄는 유명한 지배인이다. 제니퍼 애니스톤과 같은 스타들은 디미트로프를 일컬어 그 어디에도 비할 수 없는 신실한 서비스와 신중한 태도로 손님에게 '안식처'를 제공해준다고 말한다. 마케도니아 출신인 디미트로프는 서비스 업계에서 수십 년 간 경험을 쌓아왔다. 그는 타워 바를 우아하고 기품 있는 곳으로 만든 핵심 인물이며, 타워 바를 '외유내강'의 자세로 운영하고 있다. 현재 로스앤젤레스에 거주 중이다.

랄프 로렌은 패션 디자이너이자 문화 아이콘이며, 그의 이름은 미국식 스타일, 유행 타지 않는 디자인, 그리고 완벽한 품질과 동의어이다. 랄프 로렌은 자신만의 패션 제국인 랄프 로렌 코퍼레이션을 세워 세계에서 가장 성공적인 브랜드 중 하나로 키워냈다. 랄프 로렌의 고급스러운 스타일은 전 세계 모든 남녀에게 동경의 대상이다. 현재 뉴욕에 거주 중이다.

마리오 안드레티는 많은 사람들로부터 스포츠 역사상 가장 위대한 레이서라는 평가를 받고 있다. 데이토나 500, 인디애나폴리스 500, 포뮬러 원 세계 선수권 대회에서 모두 우승한 선수는 이제껏 마리오 안드레티밖에 없었다. 안드레티는 선수로 활동한 50년 동안 체커드 플래그Checkered flag(결승선에 제일 먼저 도착한 선수에게 내보이는 체크무늬 깃발 - 옮긴이)를 111번 받았다. 1994년에 전업 선수 생활을 마감한 이후로는 사업가이자 컨설턴트로 활동하고 있으며, 지금도 여러 인디카IndyCar 경주 대회에서 2인승 자동차로 저널리스트, VIP, 유명 인사들에게 차량 서비스를 제공하면서 자신이 좋아하는 일을 하고 있다.

마이클 프리드먼은 시계 전문가이자 오데마 피게의 역사가다. 펜실베이니아 주 컬럼비아에 위치한 시계 박물관의 큐레이터와 크리스티 경매 회사의 부사장 겸 시계 부서장을 역임했다. 현재 뉴욕에 거주 중이며, 시간이 나는 대로 영화 제작과 작곡 작업에도 참여하고 있다.

마크 초는 홍콩과 뉴욕에서 정통 신사복을 판매하는 디 아머리의 공동 설립자이자 런던, 뉴욕, 도쿄에 매장을 둔 영국 남성복 브랜드 드레이크스의 공동 대표이다. 현재 뉴욕에 살고 있다.

맥스 와슬러는 브랜드 전략가, 작가, 사진가, 의류 디자이너다. 그는 밸크로로 만든 시곗줄에서 '찌익' 하는 소리가 나는 것을 들으며 하루를 시작한다. 로스앤젤레스에 거주 중이다.

벤자민 클라이머는 시계 수집가이자 온라인상에서 가장 유명한 시계 전문 잡지이자 판매업체인 〈호딩키〉의 설립자이다. 뉴욕타임스로부터 '시계 분야의 대사제'라는 별명을 얻은 그는 디지털 세대 회원들 사이에서 기계식 시계에 대한 관심을 다시 불러일으켰다고 평가받아왔다. 그는 롤렉스, 바쉐론 콘스탄틴, 애플과 같은 고급 브랜드의 컨설팅을 맡았다. 현재 뉴욕에 거주 중이다.

브래들리 프라이스는 제품 디자이너이자 열렬한 자동차광이다. 그는 펩시코PepsiCo, 에스씨 존슨SC Johnson, 허스트, 파나소닉, 엘지와 같은 고객사와 일해왔다. 2011년에는 자동차에서 영감을 얻은 남성용 고급 액세서리 브랜드 오토드로모를 설립해 자동차를 향한 한평생의 열정과 제품 디자인 분야에서 쌓아온 풍부한 경험을 녹여냈다. 현재 브루클린에 거주하며, 1959년산 알파 로메오 줄리에타 벨로체 스파이더 Giulietta Veloce Spider를 몰고 있다.

브리 페티스는 메이커봇MakerBot, 씽기버스Thingiverse, 엔와이씨 리지스터 NYC Resistor의 공동 설립자이다. 시계광인 그는 2016년에 시계, 펜, 주머니칼, 보석, 도기 제작업체인 브리 앤드 코를 설립했다. 현재 뉴욕에 거주 중이다.

스티븐 루이스는 이 책의 사진을 촬영한 사진가다. 워싱턴 D.C.에서 성장기를 보냈고, 시라큐스 대학교에서 사진을 공부했다. 1985년에 뉴욕으로 건너와 화면 구성 작업과 미술관 설치 작업을 몇 건 진행하다가, 4년간의 보조 사진가 시절을 거쳐 1990년에 독립했다. 그가 작업한 사진은 잡지 〈루이Lui〉, 〈티T〉, 〈콘테 나스트 트래블러Conde Nast Traveler〉, 〈보그〉, 〈더블유W〉, 〈본 아페티Bon Appétit〉에 실렸으며, 불가리, 에르메스, 살바토레 페라가모, 데이비드 율만David Yurman, 랄프 로렌 등의 광고 사진을 찍어왔다. 현재 아내, 두 아들, 반려견 닥스훈트와 함께 브루클린에서 살고 있다.

실베스터 스탤론은 오스카 상 후보에 세 번 오른 배우이자 영화 제작자 겸 시나 리오 작가다. 스탤론은 영화 〈록키〉 시 리즈에서 록키 발보아 역을 맡은 것으 로 가장 잘 알려져 있다. 현재 베벌리 힐 스에서 살고 있다.

아톰 무어는 시계 전문 사진가이자 빈티 지 시계 판매점 아날로그/시프트의 아 트 디렉터이다. 현재 뉴욕에 살고 있다.

알레산드로 스쿠아르치는 패션 사업가, 신인 발굴가이자 전 세계 패션계를 대 표하는 인물이며, 이탈리아에서 빈티지 시계를 가장 많이 갖고 있는 사람 중 하 나이기도 하다. 현재 밀라노에 거주 중 이다.

애덤 크래니오테스는 시계 애호가이자 작가이다. 그는 전 세계에서 가장 규모 가 크고, 4개 대륙 30개 이상의 도시에 서 운영되는 시계 커뮤니티 레드바 그룹 의 공동 설립자이기도 하다. 7살 때 처 음으로 시계를 사주신 할아버지 덕분에 시계에 빠져들었다. 현재 뉴욕에 거주 중이다.

애런 지그몬드는 출판인 상을 수상 한 언론인이자 《드라이브 타임: 자동 차, 오토바이, 레이싱에서 영감을 얻은 시계들Drive Time: Watches Inspired by Automobiles, Motorcycles, and Racing》을 비롯한 책 6권을 펴낸 작 가이며, 〈할리우드 리포터Hollywodd Reporter〉, 〈타임〉, 〈아이앤씨.Inc.〉 스 릴리스트 미디어 그룹Thrillist Media Group, 롭 미디어 그룹Robb Media Group, 〈플레이보이〉, 〈프라이빗 에 어Private Air〉, 〈엘리트 트래블러Elite Traveler〉, 〈아메리칸 포토American Photo〉에 글을 기고해왔다. 현재는 온 라인 매체 〈징 데일리Jing Daily〉의 칼럼 니스트로 활동 중이다. 뉴욕과 찰스턴 을 오가며 생활하고 있다.

에릭 리퍼트는 미쉐린 가이드가 인정하 는 레스토랑 르 베르나댕(세계 50대 레 스토랑 중에서 17위에 올랐다)의 주방장 이자 공동 대표다. 르 베르나댕은 레 스토랑 안내서로 유명한 저갯Zagat 이 2017년 뉴욕 최고의 식당으로 선 정한 곳이기도 하다. 2014년, 리퍼트 는 르 베르나댕 인근에 알도 솜Aldo Sohm 와인 바와 르 베르나댕 프라이브 Le Bernardin Privé를 열었다. 그는 에 미 상을 수상한 텔레비전 프로그램 〈에 릭과 함께Avec Eric〉의 진행자이자 회 고록 《노른자 32개32 Yolks》 및 요리책 《에릭과 함께Avec Eric》, 《온 더 라인On the Line》, 《요리로 돌아오다A Return to Cooking》, 《르 베르나댕 요리책Le Bernardin Cookbook》, 최신작 《마 이 베스트: 에릭 리퍼트My best: Eric Ripert》 5권을 쓴 저자이기도 하다. 더 불어 레종 도뇌르 슈발리에 훈장을 받 기도 했다. 현재 뉴욕에 거주 중이다.

에릭 쿠는 빈티지 롤렉스 시계를 전문으로 하는 숙련된 시계상이자 학자다. 그는 어린 시절, 아버지의 시계 서랍장에서 아버지가 애지중지하시던 시계를 훔쳐보면서 감탄하곤 했는데, 그때부터 시계에 매력을 느끼기 시작했다. 에릭 쿠의 빈티지 롤렉스 포럼은 빈티지 롤렉스 시계를 다루는 웹사이트 중에서 방문자가 가장 많다. 또한 그는 빈티지 시계를 온라인상에서 판매하는 텐 패스트 텐10Past Ten을 운영하고 있기도 하다. 현재 샌프란시스코에 거주 중이다.

엥 테이는 미국과 아시아 곳곳에서 전시회를 연 화가다. 그는 빈티지 시계와 현대적인 시계를 열정적으로 수집한다. 현재 뉴욕에 거주 중이다.

와타나베 켄타는 인디고 농부이자 염색가다. 2012년, 일본 도쿠시마에서 부아이소 인디고 스튜디오를 공동 설립했고, 현재 도쿠시마에 살고 있다. 부아이소 인디고 스튜디오는 인디고 이파리 수확과 더불어 수확한 인디고 이파리를 발효시켜 스쿠모sukumo라는 쪽 염색 염료를 만드는 전통으로 유명하다.

이베 키쿠오는 카시오의 수석 연구원이자 카시오 지쇼크 개발자이다. 또한 그는 카시오 오셔너스Oceanus 계열의 시계를 개발하기도 했는데, 오셔너스는 세련된 디자인에 카시오 최초로 무선 조종 및 태양광 충전 기능을 더한 시계다. 현재 일본 니가타 현에 거주하고 있다.

잭 칼슨은 고고학자다. 그는 옥스퍼드 대학교에서 로마 고고학과 중국 고고학으로 박사 학위를 받았으며, 책《로잉 블레이저스Rowing Blazers》를 썼다. 또 미국 조정팀의 일원으로 2015년 세계 조정 대회에 출전해 동메달을 획득하기도 했다. 현재 뉴욕에 거주 중이다.

제임스 H. 레이건은 나사에서 우주 시대를 개척한 항공우주 공학자로 일하다가 은퇴한 물리학자다. 레이건은 아폴로 계획 당시 우주비행사의 비행 장비를 점검하고 준비하는 일을 맡았으며, 나사가 유인 탐사 계획 때마다 사용한 오메가 스피드마스터를 테스트하는 책임자였다. 나사에서 은퇴한 후로는 오메가를 비롯한 몇몇 회사를 위해 컨설턴트로 일했다. 또한 축구팀 감독이자 피파와 대학리그가 인증하는 축구 심판이기도 하다. 현재 텍사스 주 스프링에서 살고 있다.

제임스 램딘은 뉴욕에 위치한 빈티지 시계 전문점 아날로그/시프트의 설립자이다. 또한 그는 자동차와 시계를 다루는 여러 유명 온/오프라인 매체에 글을 기고하기도 한다. 현재 뉴욕에 거주 중이다.

제프리 헤스는 온라인에서 빈티지 시계를 판매하는 아날로그/시프트의 대표이며, 이전에는 이방카 트럼프 파인 주얼리Ivanka Trump Fine Jewerly의 대표였다. 헤스는 전前 뉴욕 시장 루돌프 줄리아니Rudolph Giuliani가 세운 줄리아니 파트너스Giuliani Partners의 창립 멤버이자 파트너이며, 줄리아니가 뉴욕 시장으로 재직하던 당시에는 수석 고문직을 맡았다. 그는 일평생을 시계 수집가로 살아왔다. 현재 뉴욕에 거주 중이다.

조시 콘돈은 잡지 작가 겸 편집자이며, 취재 작업을 계기로 대학 축구 유망주들과 역기를 드는 생활에서 킬트를 입은 스카치위스키 장인과 여러 술집을 순례하는 생활로 넘어오게 되었다. 콘돈은 《디 아트 오브 플라잉The Art of Flying》의 저자이기도 하다. 그는 빠르게 달리는 자동차를 몰기 위해 일하는 시간의 대부분을 전 세계를 비행하며 보낸다. 현재 브루클린에 거주 중이다.

조지 뱀포드는 고급 시계, 가죽 액세서리, 남성용 미용 제품, 자동차를 개인에게 맞춤 제작해주는 뱀포드 워치 디파트먼트의 설립자다. 현재 런던에 거주하고 있다.

존 크리시티엘로는 1983년에 올티크Alltique를 설립했다. 이후 올티크는 세계에서 가장 독보적인 빈티지 시계 판매점 중 하나로 발돋움했다. 현재 뉴욕에 거주 중이다.

톰 삭스는 뉴욕 현대미술관, 메트로폴리탄 미술관, 구겐하임 미술관, 로스앤젤레스 장 폴 게티 미술관Jean Paul Getty Museum, 파리 퐁피두 미술관 등에 작품을 전시한 조각가다. 그는 세계 유수의 전시장에서 개인전을 열어왔다. 현재 뉴욕에 거주 중이다.

폴 부트로스는 열정적인 시계 수집가이자 박스 앤드 루소Bacs & Russo와 제휴한 필립스 경매 회사의 시계 부서 미국 지사장 겸 부사장이다. 그는 2014년에 필립스의 시계 담당 부서 출범을 도왔다. 부트로스는 손목시계 감정 전문가이며, 텔레비전 방송이나 〈배런스 펜타Barron's Penta〉에 기고하는 시계 관련 칼럼을 통해 시계 수집과 관련된 조언을 자주 들려주고 있다. 현재 뉴욕에 살고 있다.

프랭크 카스트로노보는 요리사이자 맨해튼 시내에 위치한 프랭키스 570 스푼티노, 브루클린에 위치한 프랭키스 457 스푼티노, 프라임 미츠Prime Meats, 카페 페들러Cafe Pedlar의 공동 대표다. 그는 바이스 미디어Vice Media에서 제작한 프로그램 〈프랭크 되기Being Frank〉의 공동 주연, 잡지 〈콘데 나스트 트래블러〉의 객원 편집자, 《더 프랭키스 스푼티노 친구들의 요리법The Frankies Spuntino Kitchen Companion & Cooking Manual》의 공동 저자이기도 하다. 현재 뉴욕에 살고 있다.

해밀턴 파월은 온라인상에서 검증된 중고 시계를 사고파는 크라운 앤드 캘리버의 설립자이자 대표다. 크라운 앤드 캘리버를 차리기 전에는 사모펀드인 파월 그로스 캐피털Powell Growth Capital의 임원이었다. 현재 아내와 세 딸과 함께 애틀랜타에서 살고 있다.

헨리 로이트와일러는 유명인의 초상 사진으로 유명한 사진가다. 그는 1985년에 고국인 스위스를 떠나 파리로 이주했고, 파리에서 사진가 생활을 시작해 10년 후에 다시 뉴욕으로 거처를 옮겼다. 《사라진 네버랜드Neverland Lost》, 《발레Ballet》, 《도큐먼트Document》의 저자이며, 로스앤젤레스와 마드리드, 모스크바, 뉴욕, 파리, 도쿄, 취리히 등지에서 개인전을 열었다. 현재 아내, 두 아이와 함께 뉴욕에서 살고 있다.

홀거 토스는 독일에서 태어났지만 현재는 아내 및 두 아들과 함께 브루클린에서 살고 있으며, 이곳에서 가정생활이라는 미스터리와 사진 작업을 탐구하고 있다. 그와 그의 가족은 모두 야외 활동을 무척 좋아하며 장거리 여행을 즐긴다.

감사의 글

튜더의 가브리엘라 아나스타시오와 러셀 켈리 그리고 스벤 올센, 취리히 바이에르 시계 박물관, 에르메스의 샌디 블랑, 다나 브라운, 랄프 로렌의 매리 랜돌프 카터, 튜더의 크리스토프 슈발리에, 제니스의 파비아나 치아치오, 티파니 앤 코의 데릭 콘래드, 까르띠에의 위그 드 팡과 리아나 엥겔, 태그 호이어의 카트린 에벌리-드보, 리터칭 솜씨를 발휘해준 스테파니 포스노, 크리스티의 브랜든 프레이진, 필라 구즈먼, 제프 클라인, 야체크 코주베크, 까르띠에의 파스칼 레포, 폴 레르너, 베키 루이스, 머티리얼굿, 알도 마가다, 롤렉스의 무니아 메크발과 칼라 스탬프 우젤, 크리스 미첼, 클레아 뉴먼, 듀이 닉스, 필립 페베렐리, 오메가의 페트로스 프로토파파스, 스티븐 풀비렌트, 까르띠에의 키요 타카-위트킨, 롱기누스의 도요시마 유키코, 이네즈 반 램스위어드와 비누드 마타딘, 크리스티의 에릭 윈드, 그리고 제 어머니와 카르미에게 감사의 인사를 전합니다. 더불어이 책과 관련해서 여러 모로 애써주신 조시 콘돈에게도 감사하다는 말 전합니다.

출판사 아티잔의 직원인 테레사 콜리어, 레나타 디 비아스, 무리 도밍코, 미쉘 이셰이-코헨, 시빌 카제로이드, 앨리슨 맥기흔, 낸시 머레이, 그리고 사려 깊고 열정 넘치는 출판인 리아 로넨과 편집자 쇼샤나 구트마제르에게도 감사의 인사를 전합니다.

제가 이 책을 펴낼 수 있었던 것은 제 인생에서 일어났던 다른 일들처럼 아내이자 가장 친한 친구인 욜란다 에드워즈가 격려하고 헌신해준 덕분입니다.

색인

맷 흐라넥은 사진가 겸 영화감독이자 〈콘데 나스트 트래블러〉의 남성 스타일 부문 편집자다. 시계에 관심이 많아서 지하철이나 술집, 공항에서 낯선 이의 손목시계에 눈길을 빼앗길 때가 많다. 또 그는 재봉 기술, 빈티지 스포츠카, 붉은 고기, 값싼 맥주, 고풍스러운 유럽 호텔을 무척 좋아한다. 현재 브루클린에 거주 중이며, 이곳에서 네그로니negroni 칵테일과 깊은 사랑에 빠져 있다.

옮긴이 **배상규**는 대학에서 건축 공학을 전공했으며, 현재는 바른번역 소속 번역가로 한적한 곳에서 책을 옮기며 살고 있다. 옮긴 책으로는 《모래가 만든 세계》 등이 있다. 제법 오래 전에 산 시계를 날마다 차고 있고, 여덟 살 난 아들이 그 시계에 관심이 많다.